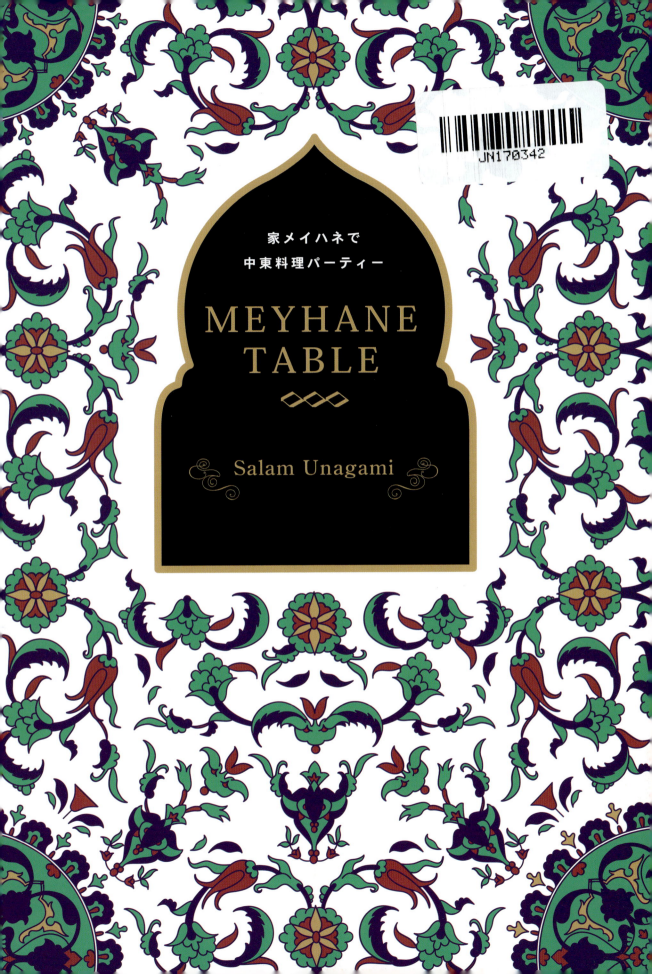

家メイハネで
中東料理パーティー

MEYHANE
TABLE

Salam Unagami

## はじめに

こんにちは、サラーム海上(うながみ)です。

僕の本職はワールドミュージックの音楽評論家です。雑誌や新聞にアジアやアフリカ、ヨーロッパ、南北アメリカなど世界中の音楽についての記事を書き、NHK-FMでは「音楽遊覧飛行エキゾチッククルーズ」のナビゲーターとして話しています。そんな僕が中東料理の本を書くようになったのは偶然だったのか、それとも必然だったのか……。

1989年、大学生だった僕は初めての海外旅行でモロッコを訪れました。当時、音楽好きの間で注目されていた「ライ」という音楽を求めての旅でした。マラケシュでは、行きの飛行機で知りあったモロッコ人青年の家に泊まらせてもらい、彼の母親が作ってくれた「クスクス」を初めていただきました。クスクスという小さなパスタを食べたのも初めてだったし、羊肉と野菜をクミンやシナモンなどのスパイスと一緒にじっくりと煮込んだ甘くエキゾティックな香りのスープも初めてでした。

翌年はトルコに行き、イスタンブルで泊まった宿のオーナーに誘われ、この本のタイトルにもなっている「メイハネ」(トルコ語で「居酒屋」の意味)を初めて訪れました。目の前に並べられた数十種類もの「メゼ(前菜)」の鮮やかな色合い、海や山の食材の豊富さにクラクラし、地酒「ラク」を飲みながら気の置けない仲間たちと大声で語り合う地元のオヤジたちにも圧倒されました。

音楽評論家になってからは毎年のようにトルコやモロッコ、レバノン、イスラエルなどの音楽祭を訪ね歩きました。そして、中東の音楽だけでなく風物、特に食べものに関心が深まっていったんです。

この本で取り上げた55品は全て僕が現地で実際に食べたものを再現しています。レシピは、自分の舌で覚えてきたものを元に、現地で手に入れた料理本を参考にしたもの、現地の料理教室や料理好きの友人から習ったものです。友人の家族に代々伝わる伝統的なレシピも含まれています。

それでは「MEYHANE TABLE 家メイハネで中東料理パーティー」を始めましょう！

サラーム海上

## contents

はじめに…3
メイハネは、トルコ語でいわば居酒屋…7
合い言葉は、レモン、にんにく、パセリ、オリーブオイル！…9

## PART1　パーティーが華やぐ　冷たいメゼ

ビーツとミントのペースト…12
アボカド・ホモス（アボカドとひよこ豆のペースト）…12
ムタッバル（焼きなすと練りごまのペースト）…12
ラブネ（水切りヨーグルト）…13
白チーズとナッツのペースト…13
かぼちゃとメープルシロップのペースト…13
ホモス（ひよこ豆と練りごまのペースト）…13
タップーレ（イタリアンパセリのサラダ）…16
チョバン・サラタス（羊飼いのサラダ）…17
レンズ豆のモロッコ煮…17
にんじんのモロッコサラダ…20
ピタパンのグリーンサラダ…21
坊さんの気絶…22
白いんげん豆と玉ねぎのサラダ…24
ポロねぎのオリーブオイル煮…25
ぶどうのサラダ…26
ビーツとアボカドのサラダ…27
カリフラワーのタヒーニソース…28

## PART2　おしゃべりもはずむ　温かいメゼ

シガラ・ボレイ（白チーズの春巻き）…30
白いんげん豆と羊肉のトマト煮…31
イワシのモロッコ風香味揚げ…32
ファラフェル（ひよこ豆のコロッケ）…34
じゃがいもと白チーズとオリーブのオーブン焼き…36
スパイシーガーリックフライドポテト…37
メネメン（白チーズの炒り卵）…38
シャクシューカ（スパイシートマトソースのポーチドエッグ）…38
ハムシ・タヴァ（カタクチイワシの唐揚げ）…40

## PART3　ボリューム満点　メインディッシュ

鶏肉と野菜のクスクス…44
ピーマンの肉詰めドルマ…45
ミディエ・ドルマス（ムール貝のピラフ詰め）…48
ウズガラ・キョフテ（トルコの焼き肉団子）…50
チェリー・コフタ（アルメニア風肉団子のチェリーソース煮）…52
コフタ・シニヤ（肉団子のタヒーニソース）…53
ソーアンル・ヤフニー（玉ねぎと羊のトマト煮込み）…54

サバと野菜とレモンの蒸し煮…56
レンズ豆と玉ねぎのピラフ…58
鶏のモロヘイヤ煮込み…59
鶏と塩レモンとオリーブのタジン…60
ハムシリ・ピラウ（カタクチイワシのピラフ）…62
エビとチーズのギュヴェッチ…64

## PART4　中東のおふくろの味　粉ものとスープ

ラフマージュン（挽き肉のせ薄焼きピザ）…70
トマトとチーズのピデ…71
カイセリ・マントゥ（トルコの水餃子）…74
メルジメッキ・チョルバス（レンズ豆のスープ）…76
ハリラ（モロッコの豆スープ）…76
肉団子とひよこ豆のチョルバ…78
ジャジュック（きゅうりとヨーグルトの冷製スープ）…79

## PART5　食後はゆっくり　ティータイム

シュトラッチ（ライスプディング）…82
ノアのプディング…83
ヤズ・サラタス（スイカとミントと白チーズのサラダ）…84
モロッコ風オレンジサラダ…85
チャイ（トルコのサモワール式紅茶）…86
アッツァイ（モロッコのミントティー）…88
ターキッシュコーヒー…90
アイラン…90

## コラム

トルコ、レバノンの料理…10
モロッコ、イスラエルの料理…42
サラーム海上 中東音楽セレクション…66
出張メイハネでリアル中東料理パーティー…68
僕の作る中東料理…80
中東スイーツ事情…91
中東料理のスパイス・食材…92
サラームさんとハラルフード店に行ってみた…94

【食材・スパイスについて】
●イタリアンパセリをよく使いますが、ふつうのパセリでも同様に作れます。
●スパイスが全部揃えられなければいくつか省いてもかまいません。ただし、P92でご紹介しているスパイスは味の決め手になるのでぜひ入れてください。

【レシピ表記について】
●計量単位は、1カップ＝200㎖、大さじ1＝15㎖、小さじ1＝5㎖です。

【オーブン調理について】
●オーブンは必ず予熱をしてください。機種によって焼き上がりに差が出る場合があります。レシピの焼き時間は目安と考えて、様子をみながら加熱してください。

【マークについて】
レシピ横についているマークは、それぞれのレシピが主にどの国の料理かをあらわしています。
●＝トルコ　●＝モロッコ　○＝レバノン　●＝イスラエル

### メイハネは、トルコ語でいわば居酒屋

　メイハネとは、トルコ語で「お酒の家」＝「居酒屋」を指す。「えっ、イスラーム教徒がお酒を飲めるの？」とよく聞かれるが、僕はその度に「日本人は仏教徒なのに、動物の肉を食べていいの？」と聞き返している。我々仏教徒にも信仰生活の濃淡があるように、イスラーム教徒にも信仰の濃淡があるのだ。中東ではお酒を法律で禁じている国もあれば、自由に売り買い出来る国もある。特にトルコはイスラーム教国家ではなく、世俗国家。イスタンブルのような大都会ではメイハネも酒屋も至る所にあり、人々は自由にお酒を楽しんでいる。それにワインもビールも元をたどれば東地中海地域が原産だ。
　メイハネでは全員が着席し、乾杯をすませると、ウェイターが大型のワゴンやお盆にのせきらないほど沢山の種類の「メゼ」をのせて、テーブルまで運んでくる。キタ〜！　緑黄色野菜や魚介をふんだんに使った、見るからにヘルシーなメゼのお皿を見た瞬間、気分が一気にアガるんだあ！　季節が夏ならば、僕は最初に白チーズとメロンの盛り合わせを頼むなあ。冬ならばカタクチイワシのフライかな。メゼは一般的に「前菜」と訳されるが、僕には「酒の肴」と訳したほうが合っている気がしてならない。
　多くのメイハネでは紙のメニューは置いていない。そのため、ワゴンやお盆の上の実物を目で見て選び、ワゴンにのっていない料理やメインディッシュは、ウェイターにその日のおすすめを尋ねるシステムになっている。
　ベイルートの人気レストラン、タウレで配布していたフライヤーには、メゼについてこう書かれていた。
　「メゼは共有と友好。家族や友人と一つのテーブルで無数に並んだ小皿をつつき、お酒をちびちび飲み、お皿を友人たちに回して、過ごす時間である」
　まさにこれぞ、僕が長年、メイハネで体験してきたことだ！　この本では、友人を自宅に呼んで、簡単なメゼを数種類作ってもてなす、中東料理ホームパーティー＝家メイハネを提唱しよう！

### 合い言葉は、レモン、にんにく、パセリ、オリーブオイル！

　意外かもしれないが、中東料理はレモン、にんにく、パセリ、オリーブオイル、この4つの食材さえ揃えておけば、ある程度は作れる。「それじゃまるでイタリアやギリシャや地中海の料理みたい」とお思いの方は世界地図を見て欲しい。この本で取り上げた4ヶ国のうち、トルコ、レバノン、イスラエルは、歴史的には「レバント」と呼ばれた東地中海地域の国だ。残りのモロッコも地中海の西の端にある。中東料理がイタリアやギリシャの料理と共通するのは当然なのだ。

　特にメゼにはレモンの酸っぱさ、にんにくの力強さ、パセリのほろ苦さと新鮮さ、オリーブオイルのフルーティーなすっきりさが同居する。トルコならそこにトマトペーストやヨーグルトが、モロッコならシナモンやクミン、ジンジャーや香菜が加わる。そして、レバノンなら「レモン、にんにく、パセリ、オリーブオイル」の2倍～3倍使いに、練りごまの「タヒーニ」を足すくらい。ちなみに中東のパセリは日本で言うイタリアンパセリ。普通のパセリでも作れるけれど、香りと歯ごたえが違うので、できればイタリアンパセリを使いたい。

　丼一杯ほどのそぎ切りパセリにトマトと玉ねぎのみじん切りを混ぜたサラダ「タッブーレ」をはじめ、ひよこ豆と練りごまのペースト「ホモス」や焼きなすと練りごまのペースト「ムタッバル」など、レバノンのメゼは「レモン、にんにく、パセリ、オリーブオイル」を信じられないほど大量に用いる。ビタミンやミネラル、良質な脂質たっぷりの食事を一年中食べているのだから、多くのレバノン人男性が筋骨隆々としていて、女性はセクシーな美人揃いなのも納得出来る。

　とにかく中東料理の基本の味付けは簡単。合言葉はレモン、にんにく、パセリ、オリーブオイル！　料理は作る前のイメージトレーニングが大切だ。この合言葉を何度も口にしてから、実際のレシピへ進もう。

TURKEY, LEBANON

# トルコ、レバノンの料理

　トルコ料理は中国料理、フランス料理と並ぶ世界三大料理の一つとされる。イスタンブルの町角には東京やパリと同じくらい沢山のメイハネやロカンタ（食堂）、屋台やバーがひしめいている。しかも、そのほとんどがトルコ料理店。それでも棲み分け出来るほどトルコ料理には種類がある。

　トルコは三方を海に囲まれ、内陸には森林や山岳地帯、東には乾燥地帯が広がる。その豊かな自然の恵みにより、食料自給率はほぼ100パーセント。さらに歴史的には中央アジア、オスマン、アラブ・イスラーム、ビザンチン、ペルシャ、地中海の文化が交錯し、様々な料理が持ち込まれた。

　トルコの代表的な食材はレモン、にんにく、パセリ、オリーブオイル、そして、ヨーグルトや白チーズなどの乳製品。野菜はトマト、なす、ピーマン、魚もイワシやタイなど日本人になじみやすいものが多い。米料理も種類が豊富だ。大量のカタクチイワシを米と多層構造にして炊き込んだハムシリ・ピラウやピーマンなどの野菜に米と挽き肉を詰めて炊き込んだドルマは日本人の口によく合うはず。

　レバノンは、日本ではほとんど知られていないがトルコと並ぶ中東のグルメ国。地中海と急峻な山脈に挟まれた岐阜県よりも狭い国土は他の中東諸国とは異なり温暖湿潤気候。そのためレバノンは人類最初の農耕牧畜が行われ、ワインやオリーブオイルの発祥の地でもある。

　料理の特徴はそんな肥沃な土地で地産地消される野菜や肉の力強さ。オリーブオイルやレモン一つとっても味が濃い。日本では有機栽培の野菜を使うと良い。イタリアンパセリのサラダ「タブーレ」や、ひよこ豆とタヒーニのペースト「ホモス」などシンプルだが、素材の良さが問われる。

## PARTI

パーティが華やぐ

# COLD STARTERS

## 冷たいメゼ
-前菜-

ビーツとミントのペースト

アボカド・ホモス

ムタッバル

ラブネ 白チーズとナッツのペースト

かぼちゃとメープルシロップのペースト ホモス

## M ビーツとミントのペースト
### MHBAL SELEK, alei menta vechomets balsami

健康野菜として注目のビーツは中東ではサラダの定番。缶詰よりも生の方が断然美味しい。
オーブンでじっくり焼くと、石焼き芋のように甘みが増すのでオススメ。

**INGREDIENT**（作りやすい分量）

- ビーツ…1個（約300g）
- プレーンヨーグルト…150g
- A
  - にんにく…1かけ
  - ドライミント…大さじ2
  - バルサミコビネガー…大さじ1
  - 塩…小さじ1
- EXVオリーブオイル、ドライミント、スペアミント（あれば）…各適量
- ヨーグルト（仕上げ用）…大さじ2

**RECIPE**

①ヨーグルトをペーパータオルを敷いたざるに入れ、1〜2時間おく。ビーツは皮ごとアルミ箔に包み、200℃に温めたオーブンで60分〜90分焼く。竹串がスッと通るくらいになったらOK。冷ましておく。
②ビーツの皮をむいてざく切りにし、フードプロセッサーに入れる。①のヨーグルト、Aを加えて撹拌する（粒が残る程度でよい）。器に盛って中央をくぼませ、仕上げのヨーグルトを入れて軽く混ぜ、マーブル模様にする。オリーブオイルをかけ、ドライミントをふってミントをのせる。

## A アボカド・ホモス ［アボカドとひよこ豆のペースト］
### AVOCADO Hummus

ホモスにアボカドを加えると、鮮やかな黄緑色のペーストに変身！
メキシコ料理のワカモレが中東化したフュージョン料理。

**INGREDIENT**（作りやすい分量）

- アボカド（完熟のもの）…1個
- ゆでたひよこ豆（ゆで方はP.15ホモス参照）…80g
- A
  - タヒニ（または白練りごま）…80g
  - にんにく…1かけ
  - レモン汁…1個分
  - 塩…小さじ1/2
  - こしょう…少々
- EXVオリーブオイル…大さじ2〜3
- トマト（5mm角）…1/4個分
- イタリアンパセリ（またはパセリ／ざく切り）…適量

**RECIPE**

①アボカドは切って種を取り、実をスプーンでかき出してフードプロセッサーに入れる。ひよこ豆、Aを加え、クリーム状になるまで撹拌する。
②器に盛って中央をくぼませ、オリーブオイルをかけてトマト、パセリを散らす。

## M ムタッバル ［焼きなすと練りごまのペースト］
### MUTABBAL

中東にはなす料理が100種類以上あると言われている。タヒニの代わりに、ヨーグルトを足しても美味しい。

**INGREDIENT**（作りやすい分量）

- 米なす…大2個
- A
  - にんにく（すりおろし）…1かけ
  - レモン汁…1/2個分
  - タヒニ（または白練りごま）…100g
  - 塩…小さじ1/2
  - こしょう…少々
- EXVオリーブオイル…大さじ2〜3
- ざくろの実（あれば）…大さじ1

**RECIPE**

①なすは包丁の刃先で数カ所切り込みを入れ、220℃に温めたオーブンで1時間焼く（焼き網やグリルで焼いてもよい）。皮が焦げてやわらかくなったら紙袋に入れ、口を閉じて粗熱がとれるまでおく。
②皮をむいて包丁で細かくたたく。ボウルにAを混ぜ合わせ、なすを加えて混ぜる。器に盛って中央をくぼませ、オリーブオイルをかけてざくろの実を散らす。

## L ラブネ ［水切りヨーグルト］
### LABNE

水切りヨーグルトは中東では日本人にとってのみそのような万能調味料。
プレーンヨーグルトを一晩水切りするだけ。いろいろな料理にかけてもおいしい。

**INGREDIENT**（作りやすい分量）

- プレーンヨーグルト…900g
- 黒オリーブ（種を除く）…10粒
- 塩…小さじ1/2
- A
  - ザータル（またはドライタイム）…小さじ1
  - EXVオリーブオイル…大さじ2〜3

**RECIPE**

①ボウルにペーパータオルを敷いたざるをのせ、ヨーグルトを入れて半日以上冷蔵庫におく。カッテージチーズのようになるくらいまで水けをきる。
②オリーブはおおまかにきざむ。ボウルに①を入れて塩を混ぜ、器に盛る。中央をくぼませ、混ぜたAをかけ、オリーブをのせる。

## 白チーズとナッツのペースト

エーゲ海に浮かぶクレタ島の名前が付いた白チーズとナッツのペースト。
濃厚な味わいが赤ワインやラクによく合う。

### INGREDIENT （作りやすい分量）

白チーズ…100g
くるみ…20g
ピスタチオ（皮をむいたもの）…20g
にんにく…1/2かけ
チャイブ（または細ねぎ／小口切り）…大さじ3
プル・ビベール（または韓国産粗挽き唐辛子）…少々

### RECIPE

①フードプロセッサーにくるみ、ピスタチオ、にんにくを入れ、粒状になるまで撹拌する（食感が残るくらいで止める）。
②白チーズをボウルに入れ、フォークで細かくくずす。チャイブ、①も加えてざっと混ぜる。器に盛り、プル・ビベールをふる。

## かぼちゃとメープルシロップのペースト

ロンドンの人気イスラエル料理デリのレシピを参考に日本のかぼちゃでアレンジした。

### INGREDIENT （作りやすい分量）

かぼちゃ＊…450g
プレーンヨーグルト…100g
A ┌ オリーブオイル…大さじ1
　 └ 塩・シナモンパウダー…各小さじ1/2
タヒニ（または白練りごま）…50g
にんにく…1かけ
メープルシロップ…大さじ2
黒いりごま、香菜（粗みじん切り）…各適量
※バターナッツかぼちゃを使うとよりおいしい。

### RECIPE

①ヨーグルトはペーパータオルを敷いたざるに入れ、1〜2時間おく。
②かぼちゃは皮をむいておおまかに切り、Aであえ、オーブンシートを敷いた天板にのせる。200〜220℃に温めたオーブンで45分ほど焼く（途中上下を返す）。やわらかくなればOK。粗熱をとる。
③①と②をフードプロセッサーに入れ、タヒニ、にんにくを加えてクリーム状に撹拌する。器に盛って中央をくぼませ、メープルシロップをかけてごま、香菜を散らす。

## ホモス ［ひよこ豆と練りごまのペースト］

レバノンからアラブ諸国やトルコまで広範囲で人気のひよこ豆とタヒニのペースト。
通常は冷たいメゼだが、温かくして朝食やベジタリアンの主食にも。

### INGREDIENT （作りやすい分量）

ひよこ豆…150g
A ┌ にんにく…1かけ
　 └ 塩…小さじ1)
B ┌ レモン汁…1個分
　 │ にんにく…1かけ
　 └ 塩…小さじ1/2
タヒニ（または白練りごま）…100g
EXVオリーブオイル…大さじ2
イタリアンパセリ（またはパセリ／みじん切り）…少々
※ひよこ豆の水煮（約300g）でもできるが、ゆでた豆のおいしさは格別なので乾燥豆から作るのがおすすめ。

### RECIPE

①ひよこ豆は軽く洗ってボウルに入れ、たっぷりの水に浸して半日おく。
②豆を漬け汁ごと鍋に入れ、Aを加えて火にかける。煮立ったらふたをして弱火で1時間以上、ひよこ豆が指で簡単につぶせて薄皮が外れるくらいまでゆでてざるに上げる（煮汁は一部とっておく）。
③ひよこ豆を飾り用に適量取り分けてフードプロセッサーに入れ、Bを加えて撹拌する。途中冷水大さじ2とタヒニを少しずつ加え、クリーム状になるまで撹拌する（固ければ豆のゆで汁を少し加える）。器に盛って中央をくぼませ、オリーブオイルをかけて飾り用のひよこ豆、パセリを散らす。ポイントはなめらかなホイップクリーム状にすること！様子をみながら撹拌し、ゆで汁やオイルを適宜加えてなめらかにして。

タップーレ

チョバン・サラタス                                              レンズ豆のモロッコ煮

# タッブーレ
## TABBOULEH
[ イタリアンパセリのサラダ ]

数あるレバノン料理のメゼのうち、まずはじめにテーブルに運ばれてくるのはタッブーレ。大量に刻んだイタリアンパセリをトマト、玉ねぎ、ミント、ブルグル、レモン汁、オリーブオイルなどであえたサラダだ。食べた瞬間、胃袋がシャキっと目を覚まし、食欲が増す。家メイハネのスタートに相応しい一品！　フランスでタブレと言うとクスクスがメインのサラダになってしまったが、本家レバノンではあくまでイタリアンパセリが主役なのだ！

### INGREDIENT （4人分）

イタリアンパセリ…5パック（100g）
スペアミント…1/2パック
トマト（完熟のもの）…1個
ブルグル（細挽き）…大さじ1
赤玉ねぎ…1/6個
レモン汁…2個分
塩…少々

A
- EXV オリーブオイル…大さじ3
- オレンジジュース…大さじ2（果汁100%のもの）
- オールスパイス*…小さじ1/2
- 塩…小さじ1/2
- こしょう…小さじ1/2

＊なければナツメグ、コリアンダー、クローブ、クミン、パプリカなどあるものを適宜組み合わせればOK

### RECIPE

1 ブルグルはレモン汁大さじ1をからめる。パセリは葉を細切りにする。スペアミントも細切りにする。トマトはへたを取って5mm角に切る。赤玉ねぎはみじん切りにしてボウルに入れ、塩をふって10分おく。水けが出てきたらペーパータオルで水けをとる。

2 ボウルに1を入れ（飾り用にトマトを少し取り分けておく）、残りのレモン汁とAを加えて混ぜ合わせ、ラップをかけて冷蔵庫で30分以上冷やす。ブルグルがふやければでき上がり。器に盛って取り分けておいたトマトをのせる。

材料をよくあえて冷やし、味をなじませるのがポイント。日本のレモン果汁はさっぱりしているので、オレンジジュースを少し加えると深みのある香りになる。

# チョバン・サラタス
## ÇOBAN Salatası
[ 羊飼いのサラダ ]

トルコの羊飼いたちが作っていたというシンプルなサラダ。トマト、きゅうり、玉ねぎ、旬の野菜をサイコロ状に刻んで作る。中東全域で人気。

### INGREDIENT （4人分）

きゅうり…2本
トマト（完熟のもの）…大1個
赤玉ねぎ…1/2個
青唐辛子（またはしし唐辛子）…2本
イタリアンパセリ（またはパセリ）…1パック
ディル（あれば）…2枝
A ┤
　　レモン汁…1/2個分
　　EXV オリーブオイル…大さじ3
　　塩…小さじ1/2
　　こしょう…少々
黒オリーブ（あれば／種を取る）…20個
ゆで卵…2個
プル・ビベール
（または韓国産粗挽き唐辛子）…適量
ドライミント（あれば）…適量

### RECIPE

1 きゅうりはピーラーで縞状に皮をむき、1cm角に切る。トマトは種を取り、1cm角に切る。赤玉ねぎも1cm角に切る。青唐辛子は種を取ってざく切りに、パセリ、ディルは粗みじん切りにする。

2 1の全てをボウルに入れ、Aを加えて混ぜ、冷蔵庫でしっかり冷やす。おおまかに切ったオリーブ、ゆで卵を加えて混ぜ、器に盛る。プル・ビベール、ミントを散らす。

きゅうり、トマト、赤玉ねぎが定番。形と大きさを揃えたい。ミックスした味と食感がおいしい。

# レンズ豆のモロッコ煮
## ADİS

シンプルなレンズ豆のトマト煮にクミン、パプリカ、香菜、レモン汁を加えることで、いきなり魔術的なモロッコの味に変身！

### INGREDIENT （4人分）

レンズ豆…1カップ
赤玉ねぎ…1個
トマト…1個
にんにく（みじん切り）…1かけ分
EXV オリーブオイル…大さじ1
クミンパウダー…小さじ1
パプリカパウダー…小さじ1/2
A ┤
　　レモン汁…1個分
　　香菜（粗みじん切り）…2枝分
　　塩…小さじ1/2
　　粗挽き黒こしょう…少々
香菜（粗くきざむ）…適量

### RECIPE

1 レンズ豆は軽く洗ってざるに上げる。赤玉ねぎは1/2個をみじん切りにする。残りは薄切りにして冷水にさらす。トマトはざく切りにする。

2 厚手の鍋にオリーブオイルを熱し、にんにく、赤玉ねぎを炒める。玉ねぎが透き通ったらトマトを加えて混ぜ、クミン、パプリカを加えて炒め合わせる。レンズ豆を加え、水をひたひたになるまで注ぎ入れる。沸騰したら弱火にし、30～40分煮る（水が足りなくなったら適宜足す）。

3 レンズ豆がやわらかくなったら火を止め、Aを加える。器に盛り、薄切りの赤玉ねぎをのせ、香菜を散らして混ぜて食べる。

# 数種類のスパイスでエキゾチックな味に

　いつもの野菜サラダもいくつかのスパイス＆ハーブをふりかけるとエキゾチックな中東の味になる！にんじんのサラダにクミン、シナモン、香菜をかければ古都フェズの迷宮にも似た旧市街を思い出す味に。白いんげん豆のサラダにスマックをかければ演歌「津軽海峡冬景色」のような冬のイスタンブールの埠頭を、ファトゥーシュにザータルをかければ地中海に面した愁いを帯びた町ベイルートの喧噪を思い出す。これぞスパイス＆ハーブのマジック！

## にんじんのモロッコサラダ
### SALADAT Jazar

モロッコではにんじんを長時間かけてやわらかくゆでる。有機栽培の美味しいにんじんを使うと甘さ倍増！

### INGREDIENT（4人分）

にんじん…大2本（約500g）

A
- にんにく（みじん切り）…1かけ分
- 香菜（みじん切り）…1枝分
- イタリアンパセリ…1枝分（またはパセリ／みじん切り）
- EXV オリーブオイル…1/4カップ
- レモン汁…1/2個分
- ドマテスサルチャス…大さじ1（トマトペースト）
- クミンパウダー…小さじ1
- シナモンパウダー…小さじ1
- 塩…小さじ1/2

ドライタイム…1つまみ

香草…適量

### RECIPE

1. にんじんは長さ5cmに切り、さらに縦4等分に切る。太いものは6等分にする。

2. 鍋にたっぷりの湯を沸かして塩ひとつまみ（分量外）を入れ、にんじんを入れて15分ほどゆでる。やわらかくなったらざるに上げて粗熱をとる。

3. ボウルにAを混ぜ合わせる。タイムを手のひらですり合わせ、香りを出してからボウルに加える。ゆでたにんじんを加えてよく混ぜ、冷まして食べる。冷蔵庫で冷やすとさらにおいしい。器に盛り、香草を散らす。

# FATTOUSH ピタパンのグリーンサラダ

余ったピタパンを利用したサラダ。トマトやきゅうり、レタスなど野菜をざくざくと刻んで、砕いたピタパンを混ぜ込むだけ。ザータルを効かせよう。

## INGREDIENT （4人分）

- ピタパン…1枚
- オリーブオイル…小さじ2
- スマック（P.92参照）…小さじ1/2
- レタス…1/2個
- ラディッシュ…4個
- トマト（完熟のもの）…1個
- きゅうり…1本
- パプリカ（黄）…1/2個
- イタリアンパセリ（またはパセリ）…1/2パック
- A
  - EXVオリーブオイル…大さじ3
  - レモン汁…1/2個分
  - ザータル（P.92参照）…小さじ1
  - ざくろビネガー…小さじ1（またはバルサミコビネガー）
  - 塩…少々
- ザータル（P.92参照）…適量

## RECIPE

1 ピタパンは2枚に分けて4等分に切り、オリーブオイルを塗ってスマックをふる。オーブントースターで、少し焼き色がついて表面がカリカリになるまで焼く。

2 レタスは水にさらしてパリッとさせ、食べやすく切る。ラディッシュは輪切りにし、葉はざく切りにする。トマトは食べやすく切り、きゅうりは皮をむいて幅1cmの半月切りにする。パプリカは食べやすい大きさに切る。パセリはざく切りにする。

3 ボウルにAを混ぜ合わせ、ドレッシングを作る。切った野菜を加えてよく混ぜる。1のピタパンを手でちぎって加え、混ぜ合わせる。器に盛り、ザータルをふる。

# 坊さんの気絶
## İMAM Bayıldı

「坊さんが気絶するほど美味い！」と言われて、こんなおかしな名が付いたなすの料理。トルコのメゼを代表する一品だ。トマトと玉ねぎを甘みが出るまで炒めて揚げなすに詰め、オリーブオイルとお湯をひたひたに注いで、とろ火でじっくりと煮る。出来上がったものはすぐ食べず、味が全体にしみ渡るまで冷蔵庫で冷やしてから食べる。手間も時間もかかるけれど、なすがトロトロになって、美味しい。坊さんが気絶するのも分かる！

### INGREDIENT （4人分）

なす…4本
玉ねぎ…1個
トマト…1個
青唐辛子（またはしし唐辛子）…2本
にんにく（みじん切り）…1かけ分
オリーブオイル…大さじ4
A ┌ 塩…小さじ1/2
  └ 砂糖…小さじ1/2
B ┌ 塩…小さじ1/2
  ├ 砂糖…小さじ1/2
  └ レモン汁…1/2個分
イタリアンパセリ…適量
（またはパセリ / 粗くきざむ）

### RECIPE

1 なすは縞状に皮をむき、塩水（分量外）に数分浸して水けをしっかり絞る。玉ねぎは薄切りに、トマトはざく切りにする。青唐辛子は種を取ってざく切りにする。

2 フライパンにオリーブオイル大さじ3を中火で熱し、なすを入れてころがしながら揚げ焼きにする。中までやわらかくなったら取り出し、油をきる。

3 フライパンの油を拭き取ってオリーブオイル大さじ1を中火で熱し、にんにくを炒める。香りが出たら玉ねぎ、青唐辛子を加える。玉ねぎがしんなりしたらトマトを加えて2分ほど炒め、Aを加えて混ぜ、火を止める。

4 2のなすに切り込みを入れ、スプーンで中を広げて3を詰める。フライパンに並べ、湯1/2カップ(なすの高さの半分くらいまで)とBを入れ、ふたをして火にかける。沸騰したら弱火にし、汁気がほぼなくなるまで30分ほど煮る。火を止め、粗熱がとれたら冷蔵庫で冷やす。器に盛り、パセリを散らす。

なすをじっくり揚げ焼きすると、やわらかくなってうまみもアップ。これに炒めた野菜を詰めて煮ると味がなじんでおいしい。

# 白いんげん豆と玉ねぎのサラダ
## PİYAZ

ピヤズとは古いトルコ語で玉ねぎを意味していたが、現代では白いんげん豆のサラダのことをさす。酸っぱいスパイス、スマックが味の決め手。

### INGREDIENT （2〜3人分）

白いんげん豆*…1カップ（約160g）
赤玉ねぎ…1個
トマト（完熟のもの）…1/2個

A ┌ EXV オリーブオイル…1/2カップ
  │ スマック**（P.92参照）…大さじ1
  │ レモン汁…1個分
  │ 塩…小さじ1/2
  └ こしょう…少々

イタリアンパセリ…1/3パック
（またはパセリ / みじん切り）

＊白いんげん豆の水煮を使う場合は約300g分。
＊＊ゆかり®で代用できる。

### RECIPE

1 白いんげん豆は軽く洗ってボウルに入れ、たっぷりの水に浸して半日おく。豆を漬け汁ごと鍋に入れて火にかけ40分ほど、やわらかくなるまでゆでてざるに上げ、冷ます。

2 赤玉ねぎは薄切りにして冷水に1〜2分さらしてざるに上げ、ペーパータオルで水けをしっかりとる。トマトは1cm角に切る。

3 ボウルに赤玉ねぎとAを入れ、よく混ぜる。味がなじんだら白いんげん豆、トマトを加えてあえ、器に盛ってパセリを散らす。

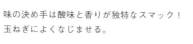

味の決め手は酸味と香りが独特なスマック！
玉ねぎによくなじませる。

# ポロねぎのオリーブオイル煮
## ZEYTINYAGLI *Pırasa*

トルコのメゼには野菜のオリーブオイル煮が多い。
さやいんげん、ほうれん草、なす、アーティチョークでも美味しい。

### INGREDIENT （2〜3人分）

ポロねぎ（または下仁田ねぎ）…2本
にんじん…1/2本
玉ねぎ…1/2個
EXVオリーブオイル…1/2カップ
A ┌ 米…大さじ2
　├ 塩…小さじ1
　├ 砂糖…小さじ2
　└ 水…1カップ
レモン汁…1/2個分

### RECIPE

1 ねぎは長さ5cmに切る。にんじんは長さ5cmに切り、縦に4〜6等分に切る。玉ねぎはみじん切りにする。

2 フライパン（または鍋）にオリーブオイルを中火で熱し、玉ねぎを炒めてしんなりしたら取り出す。ねぎをフライパンに敷き、玉ねぎを戻し入れて Aも加える。ふたをして火にかけ、煮立ったら弱火にして20分煮る。

3 米がやわらかくなったら火を止め、レモン汁を加えて混ぜる。冷めたら冷蔵庫に入れて冷やす。

# 意外な組み合わせでサラダも新鮮

　日本でも人気上昇中のイスラエルのサーフロックバンド「Boom Pam」のメンバーが連れていってくれたテルアビブのレストランはベジタリアン向けメニューが大充実していた。ぶどうのサラダ、ビーツとアボカドのサラダ、きゅうりとラブネのサラダ、焼きアスパラガスのタヒーニソース、焼きマッシュルームのバジルソースなどなど、日本人が思いつかない野菜の組合せがたくさんある。味や栄養だけでなく、見た目まで美しいのがイイ！

## ぶどうのサラダ
### SALATA Anavim

テルアビブのレストラン「ハアキム」で食べたメゼをヒントに。
ぶどうの甘さとバジルの爽やかな香り、レモン汁とこしょうが決め手。彩りも美しい。

### INGREDIENT （2人分）

ぶどうまたはマスカット
（種がなく、皮ごと食べられるもの）…200g
赤玉ねぎ…1/2個
A ┃ レモン汁…1/2個分
　┃ EXV オリーブオイル…大さじ2
　┃ 塩…少々
スペアミント
（またはフレッシュバジル）…1/2パック
こしょう…少々

### RECIPE

1　ぶどうはよく冷やしておく。赤玉ねぎは薄切りにして冷水に1分ほどさらし、ざるに上げて水けをしっかりきる。ボウルに入れ、Aを加えてよく混ぜる。

2　食べる直前にぶどうを縦半分に切って1のボウルに入れ、ミントもちぎって加える。よくあえて器に盛り、こしょうをふる。

# ビーツとアボカドのサラダ
## BEETROOT, AVOCADO & Pea Salad

緑色のアボカドと空豆、赤いビーツと赤玉ねぎを一皿に盛り付けた彩り良いサラダ。
ドレッシングも2種類の味を作り分けよう。

### INGREDIENT （2〜4人分）

ビーツ…大1個（400g）
赤玉ねぎ…1個
アボカド（完熟のもの）…1個
空豆（またはグリーンピース）
…さやから出して150g
貝割れ大根…1パック

A
- EXVオリーブオイル…大さじ2
- バルサミコビネガー…大さじ1
  （または赤ワインビネガー）
- タバスコ®…少々
- 砂糖…小さじ1/2
- 塩…少々

B
- レモン汁…1/2個分
- EXVオリーブオイル…大さじ2
- 塩…小さじ1/2
- こしょう…少々

### RECIPE

1 ビーツは皮ごとアルミ箔に包み、220℃に温めたオーブンで60分〜90分焼く。竹串がスッと通るくらいになったらOK。冷まして皮をむき、縦半分に切ってさらに厚さ3mmに切る。

2 赤玉ねぎは薄切りにして冷水にさらす。アボカドはぐるりと切り込みを入れて2つに割り、種と皮を取って厚さ2mmに切る。空豆は塩少々（分量外）を入れた湯でゆでて薄皮をむく。貝割れ大根は根元を切る。

3 ボウルにAを混ぜ合わせ、ビーツと赤玉ねぎを加えてあえる。器の中心にビーツと赤玉ねぎを盛り、そのまわりにアボカドを並べ、空豆と貝割れ大根を散らす。Bを混ぜ合わせてアボカドなどにかける。

# カリフラワーのタヒーニソース
## ARNABIT

焼いたカリフラワーをタヒーニのソースにからめるだけの簡単メゼ。
レバノンの料理大会優勝者ジョルジーナさんから習った。

### INGREDIENT（4人分）

カリフラワー…大 1 個
オリーブオイル…大さじ 1
塩…少々
●タヒーニソース
　タヒーニ（または白練りごま）…1/2 カップ
　水…1/2 カップ
　塩…小さじ 1/2
　レモン汁…1 個分
　カイエンヌペッパー…小さじ 1

### RECIPE

1 カリフラワーは食べやすい大きさに切り、オリーブオイルと塩をからめる。200℃に温めたオーブンで焼き目がつくまで 20 分ほど焼く（途中で上下をひっくり返す）。

2 タヒーニソースを作る。鍋にタヒーニを入れ、水を少しずつ加えながら泡立て器で混ぜる。塩、レモン汁も加え、なめらかになるまで混ぜる。弱めの中火にかけ、タヒーニの油がにじんでくるまで 10 分煮る。カイエンヌペッパーを加えて混ぜる。

3 器にカリフラワーを盛り、タヒーニソースをかける。

# シガラ・ボレイ

SIGARA Böreği　[ 白チーズの春巻き ]

「葉巻きのパイ」を意味する、春巻きそっくりなメイハネの定番メニュー。
具に炒り卵を入れても美味しい。

### INGREDIENT（2人分）

春巻きの皮…8枚
白チーズ…120g
イタリアンパセリ…1/2パック
（またはパセリ）
こしょう…少々
プレーンヨーグルト…300g
揚げ油…適量
ドライミント…適量

### RECIPE

1. ヨーグルトはペーパータオルを敷いたざるにのせ、1〜2時間おいて水切りヨーグルトを作る。パセリはみじん切りにしてボウルに入れ、白チーズ、こしょうを入れる。フォークで白チーズをほぐしながら混ぜ合わせる。

2. 春巻きの皮の角を手前においてパセリを混ぜたチーズの1/8量をのせ、左右を折りたたみながら巻いて包む。包み終わりは水を塗ってとめる。残りも同様に巻く。

3. フライパンに揚げ油を180℃くらいに熱し、2を入れる。上下を返しながら表面がこんがりするまで揚げて取り出し、器に盛る。水きりヨーグルトを添え、ドライミントをふる。

白チーズとパセリを包む

# 白いんげん豆と羊肉のトマト煮
## Kuru Fasulye

白いんげん豆を羊肉とトマトペーストで煮込んだトルコの定番料理。
元々は豆を入れた壺を薪の窯に入れて長時間かけて調理していた。

### INGREDIENT（4人分）

白いんげん豆…1カップ
羊小間切れ肉*…100g
玉ねぎ…1個
にんにく（みじん切り）…1かけ分
バター…大さじ1

A ┌ ドマテスサルチャス…大さじ2
　│ 　（トマトペースト）
　│ プル・ビベール…小さじ1〜2
　│ 　（または韓国産粗挽き唐辛子）
　└ 塩…小さじ1

プル・ビベール…適量
イタリアンパセリ…少々
　（またはパセリ/みじん切り）

＊ジンギスカン用の羊肉を
　食べやすく切ってもよい。

### RECIPE

1 白いんげん豆は軽く洗ってボウルに入れ、たっぷりの水に浸して半日おく。豆を漬け汁ごと鍋に入れ、羊肉を加えて火にかける。煮立ったらアクを取って弱火にし、ふたをして、時々アクをすくいながら30分ほど煮る。途中水分が減ってきたら適宜水を足す。

2 玉ねぎをみじん切りにする。フライパンにバターを中火で溶かし、にんにく、玉ねぎを炒める。Aを加えて炒め合わせる。1の鍋に加えてさらに30分ほど煮込む。器に盛り、プル・ビベール、パセリを散らす。

# イワシのモロッコ風香味揚げ
## SARDINE Bulathariya

モロッコのタンジェやラバトなど、海に面する町で必ず見かけるイワシのフライ。僕は音楽祭の取材で訪れたジャジューカ村の主婦たちから習った。香菜とパプリカ、クミンとにんにくを使ったペーストをイワシのお腹にたっぷり詰めて、コーンフラワーの衣をまぶして、油でカリっと揚げる。揚げ油に入れた瞬間、スパイスがムワァ〜っとマジカルに香り立ち、貴方の家がモロッコにワープすることうけあい。甘いオレンジのサラダとの組み合わせも最高！

### INGREDIENT （2人分）

イワシ…4尾

A
- 香菜（みじん切り）…3枝分
- イタリアンパセリ…1パック（またはパセリ／みじん切り）
- にんにく（すりおろし）…1かけ分
- オリーブオイル…大さじ2
- パプリカパウダー…小さじ1
- クミンパウダー…小さじ1
- 塩…小さじ1

薄力粉…1/4カップ
コーンフラワー…1/4カップ
サラダオイル…1/2カップ
オリーブオイル…1/2カップ

●オレンジサラダ
- オレンジ…1個
- レタス…1/8個
- 砂糖…小さじ1

赤玉ねぎ…1/2個
イタリアンパセリ（あれば）…適量

### RECIPE

1 イワシはあればうろこを取り、内臓を抜いてよく洗い、ペーパータオルで腹の中まで水けを拭く。ボウルにAを入れ、よく混ぜ合わせる。イワシの腹と外側にAをたっぷり塗り、15分ほどおく。

2 ボウル（またはポリ袋）に薄力粉とコーンフラワーを混ぜ、イワシを入れて全体に粉をまぶす。フライパンにサラダオイルとオリーブオイルを入れて180℃に熱し、イワシを並べる。5分揚げて上下を返し、さらに5分ほど揚げ、取り出して油をきる。

3 オレンジは厚さ1cmの半月切りにし、レタスは食べやすくちぎってボウルに入れ、砂糖をまぶしてオレンジサラダを作る。赤玉ねぎは薄切りにし、水に数分さらしてざるに上げ、水けをきる。器に赤玉ねぎとオレンジサラダを敷き、イワシをのせる。あればイタリアンパセリを添える。

腹の中まで詰めものをし、全体にもよくなじませる。ころもにコーンフラワーを混ぜることでカリカリッと香ばしく揚げられる。

# 中東を代表するファストフード、ファラフェル

　ドネルケバブと並ぶファストフード。乾燥ひよこ豆や空豆を水で戻してスパイスを混ぜてすりつぶし、丸めて揚げたコロッケ。表面は焦げ茶色、中は鮮やかな薄緑色。揚げたてのファラフェルを3〜4つ、生野菜などとともにピタパンに挟みこんだファラフェル・サンドは中東諸国だけでなく、欧米でもベジタリアン向けのファストフードとして人気が高い。詰める具はトマトのスライス、焼きなすのスライス、きゅうりやかぶのピクルス、さらにタヒーニや赤唐辛子のソースをかける。イスラエルではフェヌグリークを使った苦いソースも人気が高い。具たっぷりのファラフェル・サンドは胃袋の小さな日本人には食べきれないほど。

サハティーン！
（めしあがれ）

# FALAFEL ファラフェル

[ひよこ豆のコロッケ]

## INGREDIENT （4人分）

- ひよこ豆…150g
- イタリアンパセリ…1パック
  （またはパセリ／みじん切り）
- 香菜…3枝
- ブルグル…30g
- 食パン（6枚切り）…1枚
- にんにく…1かけ
- 重曹…小さじ1
- レモン汁…大さじ1
- 塩…小さじ1
- こしょう…小さじ1
- コリアンダーパウダー…小さじ1
- クミンパウダー…小さじ1/2
- パプリカパウダー…少々
- カイエンヌペッパー…少々
- 揚げ油…適量
- 香草…適量

いろいろなサラダと盛り合わせたり、ピタパンにはさんでファラフェルサンドにしてもおいしい。タヒーニソースもかけよう。

## RECIPE

**1**
ひよこ豆は重曹を入れた水に漬けて半日以上おき、水けをきってフードプロセッサーにかける。ブルグルは熱湯に20分浸して戻し、ざるに上げる。揚げ油以外の全ての材料とともにフードプロセッサーにかけ、5分ほど撹拌してしっかり練り、冷蔵庫で30分寝かせる。

**2**
生地を直径3〜4cm、厚さ2〜3cmくらいのコイン型に成形する。揚げ油を180℃に熱し、1の生地を入れる。3〜4分したら上下を返し、両面がきつね色になるまで揚げる。取り出して皿に盛り、香草を散らす。
※生地をしっかり練っておくと、揚げたときに形もくずれない。

---

ファラフェルには欠かせない！
## タヒーニソース

### INGREDIENT （作りやすい分量）

- タヒーニ（または白練りごま）…50g
- レモン汁…1/2個分
- 塩…少々

### RECIPE

ボウルにタヒーニとレモン汁を入れて混ぜる。いったん固くなるように感じるが、混ぜるうちにやわらかくなる。塩、水大さじ2を加え、クリーム状になるまでしっかり混ぜる。

# じゃがいもと白チーズとオリーブのオーブン焼き
## FIRINDA Patates OTURTMA

エーゲ海地方のベジタリアン料理。オリーブと白チーズの旨味がじゃがいもにしみて美味しい。ローズマリーやケキッキ（タイム）もよく合う。

### INGREDIENT（4人分）

- じゃがいも（メークイン）…3個（500g）
- 白チーズ…80g
- 緑オリーブ…50g
  （または黒オリーブ／種なし）
- 塩…大さじ1
- A
  - 野菜ブイヨン…1/2個
  - 湯…1/2カップ
  - 塩…小さじ1
- EXV オリーブオイル…大さじ3
- こしょう…少々
- 粗挽き黒こしょう…小さじ1

### RECIPE

1. じゃがいもを皮つきのまま塩を入れた熱湯で、10〜15分かためにゆでる。皮をむき、厚さ5mmの輪切りにする。白チーズは粗くほぐす。オリーブは厚さ3mmの輪切りにする。Aを混ぜる。

2. 鉄鍋（または耐熱の器）にオリーブオイル小さじ1（分量外）を塗る。じゃがいもを並べて白チーズ、オリーブを散らす。Aを注いでオリーブオイルを回しかけ、こしょうをふる。200℃に温めたオーブンで30〜40分ほど焼く。

3. 水分が飛んで表面に焼き目がつけばOK。粗挽き黒こしょうをふる。

# スパイシーガーリックフライドポテト
BATATA Harra

中東ではフライドポテトも「レモン、にんにく、パセリ、オリーブオイル」で味付け。
もう普通のフライドポテトじゃ満足出来ない！

### INGREDIENT （2〜3人分）

じゃがいも（メークイン）…3個（500g）

A
- にんにく（すりおろし）…1かけ分
- イタリアンパセリ…1パック分（またはパセリ／みじん切り）
- EXV オリーブオイル…大さじ2
- 塩…小さじ1
- ザータル（P.92参照）*…小さじ1
- こしょう…小さじ1/2
- カイエンヌペッパー…小さじ1/2

揚げ油…適量
レモン…適量

*なければタイム、オレガノなどを混ぜると近い風味になる。

### RECIPE

1 じゃがいもは皮をむいて6〜8等分のくし切りにする。水に数分さらし、ペーパータオルで水けを拭く。ボウルにAを入れて混ぜる。

2 フライパンに揚げ油を180℃に熱し、じゃがいもを入れて揚げる。色づいてきたものから一度取り出す。再び油に入れ、こんがりするまで揚げる。

3 取り出して油をよくきり、1のボウルに入れて混ぜ合わせる。レモンをくし切りにして添え、果汁を絞って食べる。

たっぷりのパセリとともに
香りのオイルでからめる。

メネメン

シャクシューカ

# メネメン MENEMEN [ 白チーズの炒り卵 ]

トルコの朝食に欠かせない卵料理。ピザ用チーズやパプリカなどを加えても美味しい。

## INGREDIENT （2~4人分）

卵…4個
白チーズ…40g
玉ねぎ…1/4個分
青唐辛子…2~4本
トマトの水煮缶…1/2カップ
バター…30g
塩小さじ…1/2
こしょう…適量
イタリアンパセリ…1/2パック分
（またはパセリ／ざく切り）…適量
プル・ビベール…小さじ1
（または韓国産粗挽き唐辛子）

## RECIPE

1 白チーズは粗くほぐす。玉ねぎはみじん切りにする。青唐辛子は種を取って幅5mmに切る。

2 鉄鍋（またはフライパン）にバターを中火で溶かし、玉ねぎを入れて炒める。青唐辛子、トマトの水煮を加えて炒め、塩、こしょうを加える。

3 卵を溶きほぐして流し入れる。軽くかき混ぜ、白チーズをふる。大きく混ぜ、半熟状になったら火を止める。パセリ、プル・ビベールを散らす。

# シャクシューカ SHAKSHUKA [ スパイシートマトソースのポーチドエッグ ]

シャクシューカは中東の多くの国でトマトの煮込み料理を指すが、イスラエルではポーチドエッグのこと。クミンシードが味の決め手。

## INGREDIENT （2~4人分）

卵…4個
パプリカ（赤）…1個
トマト（完熟のもの）…1個
玉ねぎ…1個
白チーズ（またはピザ用チーズ）…70g
EXVオリーブオイル…大さじ1
A ┌ サルチャ（トマトペースト）…大さじ1
  │ 水…1/2カップ
  └ 砂糖…小さじ1
B ┌ にんにく（すりおろし）…1かけ分
  │ 青唐辛子（みじん切り）…1~2本
  │ クミンシード…大さじ1
  │ 塩…小さじ1
  └ プル・ビベール…小さじ1
    （または韓国産粗挽き唐辛子）
香菜（粗みじん切り）…1枝分

## RECIPE

1 パプリカ、トマトはざく切りにする。玉ねぎは粗みじん切りにする。Bのクミンをフライパンで空煎りしてすり鉢で粗挽きにする。

2 鉄鍋（またはフライパン）にオリーブオイルを中火で熱し、玉ねぎを炒める。パプリカ、トマトを加え、トマトが崩れてきたらAを加えて少し煮詰め、Bを加える。

3 卵を割り入れ、白チーズを散らし、アルミ箔（またはふた）をのせて3~5分蒸し焼きにする。アルミ箔を外し、香菜を散らす。

## イスタンブルの魚事情

　ハムシとはカタクチイワシのこと。黒海が主な産地で、旬は脂が乗った冬だが、一年中獲れるのでイスタンブルでは庶民のための魚とされている。冬場に旧市街エジプシャンバザールや新市街カラキョイにある魚市場に行けば、店頭の金だらいの中で活きの良いハムシが泳ぎ回っているのを見ることができる。ハムシ・タヴァは僕が一番好きな温かいメゼ。揚げたてにレモンを絞って、玉ねぎのスライスやルッコラとともにパンに挟んで食べよう！

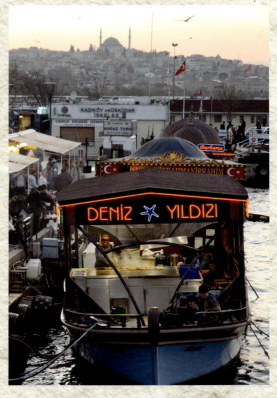

# H ハムシ・タヴァ
## HAMSi Tava [カタクチイワシの唐揚げ]

**INGREDIENT** （4人分）

カタクチイワシ…30尾
じゃがいも（メークイン）…3個
A ┃ 薄力粉…1/3カップ
  ┃ コーンフラワー…1/3カップ
  ┃ 塩…小さじ1/2
オリーブオイル…1/3カップ
サラダオイル…1/3カップ
●つけ合わせ
  ┃ トマト…1個
  ┃ （幅1cmの半月切り）
  ┃ ルッコラ…1/2袋
  ┃ （水洗いし、水けをきる）
  ┃ レモン…適量

**RECIPE**

1 カタクチイワシは頭と内臓を取ってよく洗い、水けを拭く。ポリ袋にAを混ぜ合わせ、イワシを入れて全体にむらなくまぶす。じゃがいもは皮をむいて幅5mmに切る。

2 フライパンにじゃがいもを重ならないように並べ、オリーブオイルとサラダオイルを入れて熱する。180℃くらいになったらじゃがいもを並べ入れる。イワシの余分な粉をはたき、じゃがいもの上に頭の部分と尾が交互になるよう並べ入れる。表面がカリッとするまで動かさず、そのまま揚げる。

3 イワシの下面に焼き色がついたらフライ返しで上下を返し、もう片面もきつね色になるまで揚げる。器に盛ってつけ合わせを添え、熱いうちにレモンを絞って食べる。

屋台では次から次へと豪快にカタクチイワシが揚げられている。

## モロッコ、イスラエルの料理

　モロッコは歴史を通じて、地中海、ベルベル、アラブ・イスラーム、サハラ、西アフリカ、フランスなど様々な文化が交錯してきた。そのため料理にもそれらからの影響が強く残る。砂漠に暮らす人々の知恵である土鍋「タジン」と世界最古のパスタ「クスクス」はモロッコおよびマグレブ諸国を代表する料理だ。羊肉と干しプルーン、鶏肉と塩レモンなど、肉と果物、塩辛さと甘さの組合せも特徴的。さらに、クミン、パプリカ、ジンジャー、サフランなど、他の中東地域ではあまり用いられないスパイスをたっぷりと用いる。レバノン人やトルコ人から見たら、スパイシーなモロッコ料理はとてもエキゾチックに映るらしい。

　イスラエルは第二次世界大戦後に世界約七十カ国から移住してきたユダヤ人が建国した新しい国。アラブ、ロシア、東欧、ドイツ、モロッコ、イエメン、フランス、エチオピア、アメリカなど、世界中の郷土料理が持ち込まれ、影響を与え合い、日々新しい料理が生まれている。わさびや椎茸など珍しい食材も積極的に取り入れ、現代的な無国籍フュージョン料理も人気が高い。

　また、元は砂漠だった土地に点滴灌漑と再生水利用など世界最先端の農業技術を導入したことで、建国から半世紀後には食物自給率が90%を超える大農業国となった。今ではベジタリアンやヴィーガン運動が社会現象となっているため、ホテルの朝食ブッフェなどにも数十種類ものサラダが並ぶ「サラダ天国」でもある。メキシコのワカモレを元にした「アボカド・ホモス」や、ビーツの濃いピンク色を活かした「ビーツとミントのペースト」などは中東のメゼでありながらも、伝統にとらわれないイスラエルならではの料理だ。

PART3

ボリューム満点

## MAIN COURSE

メイン料理

鶏肉と野菜のクスクス

ピーマンの肉詰めドルマ

# 鶏肉と野菜のクスクス
## Coucous Bidijaj

「クスクスはおでんのようなもんやから！」とは、僕にクスクスの作り方を教えてくれたマラケシュの人気リヤドレストラン「ズールーニ」の関西人マダム、由美子さんの言葉。おでんやポトフのようにスープは透明で薄口に、野菜や肉は柔らかく煮るのがキモ。クスクスは熱湯をかけて電子レンジでチンすれば作れるが、彼女は専用の蒸し器で蒸してから、素手でポロポロにほぐすのを3回も繰り返していた。「ダマが残っていては嫁失格。姑さんにいびられるんですわ」

## INGREDIENT （4～6人分）

● 鶏のスープ
- 鶏ガラ…1羽分
- 鶏胸肉…1枚（皮はとりのぞく）
- 鶏ささみ…2本
- 玉ねぎ…1個
- 大根…150g
- にんじん…1本
- ごぼう…1本
- ズッキーニ…1本
- キャベツ…1/6個
- かぼちゃ…150g
- トマト…大1個
- 青唐辛子…2本
- ひよこ豆の水煮…100g
- 香菜…2枝
- オリーブオイル…大さじ3
- ローリエ…1枚
- ドライタイム…小さじ1/2
- バター…20g

A
- 塩…小さじ2
- こしょう…小さじ1
- ジンジャーパウダー…小さじ1
- ターメリックパウダー…小さじ1/2
- サフラン（あれば）…ひとつまみ

● クスクス
- クスクス…280g
- 塩…小さじ1
- EXVオリーブオイル…大さじ2

## RECIPE

1 玉ねぎはざく切りに、大根、にんじん、ごぼう、ズッキーニは長さ8cmの食べやすい太さに切る。キャベツは幅2cmのくし切りする。かぼちゃは食べやすく切る。トマトはすりおろす。青唐辛子は種を取って幅1cmに切る。香菜は茎と葉に切り分け、葉はざく切りにする。

2 鍋にオリーブオイルを熱し、鶏ガラと鶏胸肉を炒める。玉ねぎ、ローリエを加えて炒め、A、水1.5ℓを加える。タイム、香菜の茎を加え、ふたをして弱火にし、アクを取りながら1時間煮る。

3 クスクスをボウルに入れて水適量を加え、軽くこすってほぐす。水けをきり、布巾を敷いた蒸し器で15分蒸す。いったん取り出し、冷水少々をかけて塩を加えて混ぜる。再び蒸し器に入れて15分蒸す。もう一度冷水少々とオリーブオイルを加えて混ぜ、スープが仕上がるまで蒸す。

4 ささみと大根、ごぼう、にんじんを加えて15分煮る。キャベツ、トマト、青唐辛子を加えてさらに5分煮る（水分が減ったら適宜足す）。香菜の茎と鶏ガラを取り出し、かぼちゃ、ズッキーニ、ひよこ豆を加えてやわらかくなるまで煮てバターを加える。

5 大きな器にクスクスを盛って中央に鶏肉を置き、野菜を放射線状に並べ、スープをおたま一杯分回しかけて香菜の葉を乗せる。スープは別沿えにし、取り分けながら好みでかけて食べる。

# ピーマンの肉詰めドルマ
## ETLİ Biber DOLMASI

「詰めもの」を意味するドルマはトルコの家庭料理の定番。米とともに肉を詰めてトマトソースで煮たメインディッシュ版と、米と松の実やカランツを詰めてたっぷりのオリーブオイルで煮て冷やした冷たいメゼ版がある。ここでは前者を作ろう！

### INGREDIENT （4人分）

ピーマン…8個
トマト…1個

A
- 牛挽き肉（または羊挽き肉）…250g
- 米…1/2カップ
- 玉ねぎ（みじん切り）…1/2個分
- パセリ（みじん切り）…2枝分
- ディル…1/4パック分（あれば／みじん切り）
- 塩…小さじ1
- こしょう…少々

B
- 湯…2カップ
- ドマテスサルチャス…大さじ1（トマトペースト）
- ドライタイム…小さじ1
- ローリエ…1枚
- 塩…小さじ1
- バター…30g

ディル（あれば／みじん切り）…少々
プレーンヨーグルト（好みで）…適量

### RECIPE

1 米は洗ってざるに上げる。ピーマンはへたをくり抜き、種を取る。トマトは種を取って3cm角くらいに切る。ボウルにAを入れてしっかり練り、たねを作る。

2 ピーマンにたねを詰め、トマトを押し込んでふたをする。直径16cmくらいの鍋に立てて並べる。すき間ができたら余り野菜などを詰め、煮ている間にピーマンが倒れないようにする。

3 Bを混ぜて鍋に加える（ピーマンの高さの2/3くらいになるよう水分量を加減する）。ふたをして火にかけ、沸騰したら弱火にして20分煮る。米がやわらかくなればでき上がり。冷めたら器に盛り、ヨーグルトを添えてディルをふる。ヨーグルトと一緒に食べるとおいしい。

縦に並べて入れ、汁の中にピーマンが完全に沈まないよう、水分量を加減するのがポイント。たねが余ったら肉団子にして一緒に煮たり、パプリカや玉ねぎなどに詰めて煮るとよい。

# ミディエ・ドルマス [ムール貝のピラフ詰め]

イスタンブルの伝統的なファストフード。ムール貝の濃厚な出汁がご飯にしみて、レモン汁をしぼると松の実の香ばしさと干しぶどうの甘さが際立ち、最高に美味しい。高級メイハネでも食べられるが、立ち食いの専門店や路上の屋台で、5個、6個と一気食いするのも悪くない。

## INGREDIENT（4～6人分）

- ムール貝…800g（20～25個）
- 米…120g
- 玉ねぎ…1/3個
- 松の実…20g
- オリーブオイル…大さじ1
- A
  - カランツ（または干しぶどう）…20g
  - ディル（みじん切り）…1/2パック分
  - イタリアンパセリ…1/2パック（またはパセリ／みじん切り）
  - シナモンパウダー…小さじ1/2
  - ナツメグパウダー…小さじ1/2
  - オールスパイス…小さじ1/2
- 塩…少々
- イタリアンパセリ（あれば）…少々
- レモン（くし切り）…適量

## RECIPE

1 米は洗って水に30分浸す。ムール貝は汚れを落とし、糸状のものを取る。玉ねぎはみじん切りにする。フライパンに水1/2カップとムール貝を入れ、ふたをして火にかける。貝の口が開いたら取り出し、ゆで汁はとっておく。

2 フライパンにオリーブオイルを中火で熱して玉ねぎを炒める。松の実、米を加えて炒め、A、ムール貝のゆで汁と水をひたひたになるよう加え、ふたをして、弱めの中火でときどき混ぜながら10～15分煮る。米が半炊きになったら（芯は残っているくらい）味をみて塩を足し、火を止める。

3 貝を開いて2の米を大さじ1くらいずつ貝に入れる。ちょうつがいを外し、外した殻でふたをする。蒸し器に並べて20分ほど蒸す。貝を開いて器に並べ（外した貝を米に差し込むと見栄えがアップ）、パセリを散らしてレモンを添える。

貝の身は外さなくてOK。そのまま米を詰め、ふたをする。

# ウズガラ・キョフテ [トルコの焼き肉団子]

IZGARA Köfte

トルコ語でキョフテ、アラビア語でコフタ／ケフタは小さな小判型の肉団子のこと。日本人の子どもや男性はハンバーグが大好きなように、トルコ人の子どもや男性もキョフテは大好物。網で焼いて余分な油を落としたウズガラ・キョフテが一般的だが、油で揚げたクル・キョフテや、じゃがいもとともにトマトソースで煮込んだイズミル・キョフテなどもロカンタで見かける。専門店「キョフテシ」で食べる炭火焼きのウズガラ・キョフテは最高！

## INGREDIENT （4人分）

A
- 牛挽き肉（または羊挽き肉／赤身）…400g
- 玉ねぎ（みじん切り）…1個分
- パセリ（みじん切り）…2枝分
- にんにく（みじん切り）…1かけ分
- 塩…小さじ1
- こしょう…小さじ1
- クミンパウダー…小さじ1
- カイエンヌペッパー…小さじ1/2

赤玉ねぎ…小1個
玉ねぎ…小1個
万願寺とうがらし…8本（またはしし唐辛子）
スマック*（P.92参照）…大さじ1
プル・ビベール…適量（または韓国産粗挽き唐辛子）
イタリアンパセリ（あれば）…適量

*ゆかり®で代用できる。

## RECIPE

1 ボウルにAを入れ、粘りが出るまでよく練り、冷蔵庫で30分寝かせる。赤玉ねぎは幅3mmに切って冷水にさらし、水けを拭いてスマックであえる。玉ねぎは6等分くらいのくし切りにする。

2 1のたねを12等分にして小判型にまとめる。魚焼き用グリル（片面焼き）を熱し、肉団子、玉ねぎ、万願寺唐辛子を焼く。肉団子は4分ほどで上下を返し、こんがりするまで焼く。野菜は焼けたら途中で取り出す。皿に盛り、プル・ビベール、パセリを散らす。スマックであえた赤玉ねぎを添える。
※たねはフライパンで焼いてもよい。

挽き肉に加えるスパイスがポイント。羊の挽き肉にするなら、ジンギスカン用の肉をたたいてミンチにしてもよい。

# チェリー・コフタ
## KOFTA Bil KARAZ
[ アルメニア風肉団子のチェリーソース煮 ]

レバノンに暮らすアルメニア人の伝統料理。コフタ（肉団子）をダークチェリーとシナモンを使った甘酸っぱいソースで煮る。フレッシュなダークチェリーで作ってもおいしい。

### INGREDIENT（4人分）

羊挽き肉（または牛挽き肉／赤身）…400g
A
- 玉ねぎ（みじん切り）…1個分
- パセリ（みじん切り）…2枝分
- にんにく（みじん切り）…1かけ分
- 塩・こしょう…各小さじ1
- カイエンヌペッパー…小さじ1/2
- ナツメグパウダー…小さじ1/2
- オールスパイス…小さじ1/2
- 松の実…20g

オリーブオイル…大さじ1

●チェリーソース
- 缶詰のダークチェリー…1缶400g
- レモン汁…大さじ2
- バター…30g
- 砂糖…大さじ1〜2
- シナモンスティック（砕く）…1本分

イタリアンパセリ（あれば）…適量

### RECIPE

1 ボウルに挽き肉とAを入れて練り、冷蔵庫で30分寝かせる。12等分にして長さ8cmの棒状にする。

2 フライパンにオリーブオイルを中火で熱し、たねを並べる。5分焼いたら上下を返し、さらに5分焼く。

3 チェリーは缶汁だけを他のチェリーソースの材料とともに鍋に入れて中火にかける。10分ほどで半量に煮詰まったら、取り出しておいたチェリーと2を加え、2分煮て、チェリーに熱が通ったら火を止める。器に盛り、パセリを散らす。

# KOFTA *Siniya* コフタ・シニヤ [ 肉団子のタヒーニソース ]

コフタのバリエーション。松の実を練り込んだコフタとたっぷりの焼き野菜に
濃厚なタヒーニのソースを合わせる。こちらも僕の「出張メイハネ」で大人気。

### INGREDIENT （4人分）

羊挽き肉（または牛挽き肉／赤身）…400g

A
- 玉ねぎ(みじん切り)…1個分
- パセリ(みじん切り)…2枝分
- にんにく(みじん切り)…1かけ分
- 塩・こしょう…各小さじ1
- カイエンヌペッパー…小さじ1/2
- ナツメグパウダー…小さじ1/2
- オールスパイス…小さじ1/2
- 松の実…20g

カリフラワー…大1個
玉ねぎ…2個
EXVオリーブオイル…大さじ2
塩…少々
●タヒーニソース
- タヒーニ（または白練りごま）…100g
- レモン汁…1/2個分
- 水…3/4カップ
- EXVオリーブオイル…大さじ1
- 塩…小さじ1/2

砕いたピスタチオ…適量
パプリカパウダー（あれば）…少々

### RECIPE

1 カリフラワーは小房に切り、玉ねぎは縦8等分に切る。オリーブオイル大さじ1と塩をふり、220℃に温めたオーブンで20分ほど焼く。

2 ボウルに挽き肉とAを入れて練り、冷蔵庫で30分寝かせる。12等分にして長さ8cmの棒状にする。タヒーニソースを作る。鍋にタヒーニとレモン汁を入れて火にかけ、水を加えながら泡立て器で混ぜる。塩、オリーブオイルを加える。

3 フライパンにオリーブオイル大さじ1を中火で熱し、たねを並べる。5分焼いたら上下を返し、さらに5分焼く。器にタヒーニソースを敷き、コフタと1をのせる。ピスタチオを散らし、パプリカパウダーをふる。

# SOĞANLI Yahni ソーアンル・ヤフニー

[玉ねぎと羊のトマト煮込み]

グルメの町として知られるガジアンテプの郷土料理。同地出身の大場ユスラさんから習った、羊肉と玉ねぎの煮込み。パプリカペーストの旨味をきかせるのがコツ。ヤフニーとはトルコだけでなく、中東全域、バルカン半島に広く分布する料理で、スープや肉のシチューを意味する。ソーアンルとは「玉ねぎ入り」の意味。骨付きの羊肉は業務用食材店やハラルフードショップで買える、安い冷凍ものでよい。玉ねぎはできるだけ甘くて大きなものを使おう。

## INGREDIENT （4人分）

骨つき羊肉…500g
玉ねぎ…2個
A
- ドマテスサルチャス…大さじ2（トマトペースト）
- ビベール・サルチャス*…大さじ1
- 塩…小さじ1

ひよこ豆の水煮…150g
プル・ビベール…適量
（または韓国産粗挽き唐辛子）

＊ビベール・サルチャスはパプリカペーストのこと。ポルトガルのマッサ・デ・ピメンタオンでも代用できる。なければドマテスサルチャス(トマトペースト)大さじ3に豆板醤小さじ1くらいにして。

## RECIPE

1 鍋（20〜22cm）に骨つき羊肉と水1ℓを入れて火にかけ、沸騰したら弱火にし、ときどきアクをとりながら1時間ほどゆでる。途中、適宜水を足す。

2 玉ねぎを横半分に切り、さらに縦に4等分に切って鍋に加えて混ぜ、Aを加える。ひよこ豆の水煮を加え、ひたひたになるまで湯を足す。

3 ふたをして弱火にし、玉ねぎがやわらかくなるまで煮る。食べるときにプル・ビベールをふる。

羊肉がやわらかくなったら味つけをする。

# サバと野菜とレモンの蒸し煮
## BALIK Buğulama

イスタンブルのロカンタ(食堂)では定番の魚と野菜の蒸し煮。皮ごと使える無農薬レモンを使おう。魚の出汁とレモン、バターが野菜にしみて美味しい！

### INGREDIENT （2～3人分）

- 真サバ（3枚におろしたもの）…1尾分
- レモン（国産・無農薬）…1/2個
- 玉ねぎ…1個
- トマト（完熟のもの）…大1個
- パプリカ（黄）…1個
- マッシュルーム…10個
- 青唐辛子…2本
- イタリアンパセリ…1パック分（またはパセリ／みじん切り）
- 塩…適宜
- EXVオリーブオイル…大さじ1
- ローリエ…1枚
- バター…20g
- こしょう…少々

※サバのかわりに、ブリ、カツオ、でもよい。

### RECIPE

1 サバは幅3cmに切って塩少々をふり、10分おいて水けを拭く。レモンは幅5mmの輪切りにする（無農薬でないものは皮をむいて）。玉ねぎ、トマトは幅1cmの輪切りにする。パプリカは半分に切って種を取り、幅1cmに切る。マッシュルームは石づきを取って幅5mmに切る。青唐辛子は種を取って幅5mmに切る。

2 鍋にオリーブオイルを入れて玉ねぎを敷き、マッシュルーム、パセリ、青唐辛子の1/2量を入れて塩小さじ1/3をふる。トマトの1/2量、サバの順にのせ、残りのトマト、マッシュルーム、パセリ、青唐辛子とパプリカ、ローリエ、ちぎったバター、レモンをのせる。

3 塩小さじ2/3、こしょう、水1/4カップを加え、ふたをして火にかける。沸騰したら弱火にし、30分蒸し煮にする。

野菜とサバを重ねて蒸し煮にする。
野菜から水分が出るので、水は最小限でよい。

# Mujadara レンズ豆と玉ねぎのピラフ

レバノンではレンズ豆とお米の炊き込みご飯はラマダン明けの食事とされる。
日本の祭りの際に作る赤飯のようなものだろう。フライドオニオンとシナモンの甘さがキモ。

## INGREDIENT （4人分）

- 長粒米*…200g
- レンズ豆…200g
- 玉ねぎ…2と1/2個
- EXV オリーブオイル…大さじ2
- 砂糖…小さじ1
- A
  - コリアンダーパウダー…小さじ1
  - クミンパウダー…小さじ1
  - 塩…小さじ1
  - こしょう…小さじ1
- 揚げ油…適量
- パセリ（みじん切り）…適量
- シナモンパウダー…小さじ1

＊インドのバスマティーライス、タイのジャスミンライスなど粒の長い米。

## RECIPE

1 米は洗ってざるに上げる。レンズ豆は軽く洗って熱湯で15分ゆで、ざるに上げて水洗いし、水けをきる。玉ねぎは1/2個をみじん切りにし、2個を幅1cmのくし切りにする。

2 フライパンにオリーブオイルを中火で熱し、みじん切りの玉ねぎ、砂糖を入れて炒める。A、米、レンズ豆を加え、油がなじむまで炒める。水をひたひたに加え（2カップくらい）、沸騰したら弱火で15分煮る。水分がなくなってきたら火を止め、ふたをして10分蒸らす。

3 揚げ油を180℃に熱し、くし切りの玉ねぎをあめ色になるまで揚げて取り出し油をきる。2を器に盛り、揚げた玉ねぎをのせ、パセリを散らしてシナモンをふる。

# 鶏のモロヘイヤ煮込み

日本でも栄養価の高さで知られるモロヘイヤはアラビア語エジプト方言で「王様が食べる野菜」の意味。レバノンではざく切りにして葉の食感を残して煮るが、エジプトではみじん切りを煮るため、緑色のとろろ汁のような見た目になる。

## INGREDIENT （4〜6人分）

- モロヘイヤ…300〜400g
- 鶏ガラ…1羽分
- 鶏胸肉（皮は取る）…1枚
- トマト…大1個
- 玉ねぎ…1個
- にんにく（みじん切り）…2かけ分
- バター…30g
- A
  - コリアンダーパウダー…大さじ1
  - 塩…小さじ1
  - 黒こしょう…小さじ1
  - オールスパイス…小さじ1/2
- 赤玉ねぎ（粗みじん切り）…1/4個分

## RECIPE

1 モロヘイヤは茎を切り落とし、葉をざく切りにする。トマトは湯むきをしてざく切りに、玉ねぎはみじん切りにする。

2 鍋にバターを中火で溶かし、にんにくを炒める。香りが出たら玉ねぎを加え、透き通るまで炒める。鶏ガラ、鶏胸肉を加え、焼き色がつくまで焼く。

3 水5カップを加えて1時間煮て、Aを加える。モロヘイヤ、トマトを加えてさらに10分煮る。鶏ガラと鶏胸肉は取り出し、胸肉は細くさく。とろりとしてきたら火を止め、器に盛る。さいた鶏胸肉、赤玉ねぎをのせる。

# 鶏と塩レモンとオリーブのタジン
## TAJINE -Dajaj LIMONE-

モロッコのタジンは煙突型のふたを持つ土鍋の名前であり、同時にそれを使った料理を指す。モロッコではほぼ毎日タジンを食べることになるが、地方や食材、作り手が変わればまったく違うタジンになるので、僕は飽きることはない。塩レモンとパセリ、オリーブオイル、各種スパイスで鶏肉にしっかり下味を付けたこのレシピは、マラケシュで外国人向けに料理教室を行う女性ブシュラさんから教わった。彼女からもう一度習いたいなあ。

### INGREDIENT (2人分)

鶏の骨付きもも肉…2本
玉ねぎ…1個
じゃがいも（メークイン）…大2個
緑オリーブ（種を抜いたもの）…20個
●塩レモンペースト
　塩レモン…1/2個分
　（洗って塩を落とし、きざむ）
　パセリ（みじん切り）…2枝分
　にんにく（すりおろし）…2かけ分
　EXV オリーブオイル…大さじ2
　クミンパウダー…小さじ1/2
　ジンジャーパウダー…小さじ1/2
　シナモンパウダー…小さじ1/2
　こしょう…小さじ1/2
　サフラン（あれば）…ひとつまみ
EXV オリーブオイル…大さじ1

### RECIPE

1 鶏肉の皮を取り、フォークで数カ所穴をあける。玉ねぎは厚さ1cmの輪切りにする。じゃがいもは皮をむいて幅1cmに切る。塩レモンペーストの材料を混ぜ、鶏肉と玉ねぎになじませて15分おく。

2 鍋に玉ねぎを敷き、鶏肉をのせる。湯1カップを加えてふたをし、火にかける。沸騰したらごく弱火にし、ときどき上下を返しながら40分煮る（焦げつきそうな場合は適宜水を足す）。

3 じゃがいもを並べてのせ、オリーブものせる。湯1カップを加え、再びふたをして弱火で30分煮る。途中じゃがいもの上下を返し、煮汁を回しかける。火を止めてオリーブオイルを回しかけ、ふたをして5分蒸す。

タジン鍋は吹きこぼれやすいのでふたを少しずらして煮る。

### 塩レモンの作り方

#### INGREDIENT （900 mlの容器1個分）

レモン（国産・無農薬）…6個
粗塩…300g
水…1/2カップ

#### RECIPE

レモンはよく洗い、縦に4カ所深く切り込みを入れる。粗塩をまぶし切り込みの中にもすり込む。保存容器にレモンを詰め、残りの塩を入れて水を加える。ふたをして常温におく。
※保存容器は煮沸消毒をし、しっかり自然乾燥させたものを使う。
※夏なら1ヶ月くらいででき上がり。清潔なスプーンなどで取り出して使う。

# ハムシリ・ピラウ
## HAMSİLİ *Pilav* ［カタクチイワシのピラフ］

僕が一番好きなトルコの米料理！ 松の実や干しぶどうを入れたトルコ炊き込みご飯を、カタクチイワシで覆い、オーブンで豪快に炊きあげた黒海地方の冬の名物！ イワシとバターの出汁を吸い込んだご飯は美味すぎる！ オスマン帝国〜トルコのハムシリ・ピラウは、インド亜大陸〜ムガル帝国の「ビリヤニ」、中央アジア〜ペルシャ帝国の炊き込みご飯「ポロ」と並ぶ、ユーラシア大陸を代表する炊き込みご飯と呼びたい！

### INGREDIENT （4〜6人分）

- カタクチイワシ*…1.2kg
- 米…3合
- 玉ねぎ…1/2個
- にんにく（みじん切り）…2かけ分
- 松の実…70g
- カランツ（または干しぶどう）…70g
- EXVオリーブオイル…大さじ2
- 塩…小さじ1
- こしょう…小さじ1
- シナモンパウダー…小さじ1
- バター…大さじ4
- 粗挽き黒こしょう…適量
- レモン…1個

＊真イワシでもよい。大きさによるが、10尾くらい。3枚おろしにして鍋の底と1番上にのせて。

### RECIPE

1. イワシは頭を取って手開きにし、内臓を出してよく洗い、水けを拭く。米は洗ってざるに上げる。玉ねぎはみじん切りにする。

2. フライパンにオリーブオイルを中火で熱し、玉ねぎ、にんにく、松の実を炒める。米、カランツを加えて炒め、米が透き通ってきたら湯3カップを加えて弱火にし、10分煮る。火を止め、塩、こしょう、シナモンパウダーを混ぜる。

3. オーブンに入れられる厚手の鍋（または耐熱容器／直径20cmくらい）にバターを適量（分量外）塗り、イワシの1/3量を皮を上にして放射線状に並べる。米を1/2量を入れ、残りのイワシの1/2量を同様に放射線状に重ね、バター大さじ1を散らす。残りの米を入れて残りのイワシを並べる。

4. 残りのバターを小さく切って散らし、粗挽き黒こしょうをふってアルミ箔でふたをして220℃に温めたオーブンで30分焼く。アルミ箔を外して10分焼き、水分を飛ばす。器に取り分け、レモンを絞って食べる。

イワシは焼くと縮むので端までしっかり並べる。放射線状にするときれい。

# エビとチーズのギュヴェッチ
## KARiDES Güveç

エビを野菜とともに軽く炒めてから土鍋に入れ、オーブンで蒸し焼きにした料理。羊肉や魚のギュヴェッチも美味しいが、僕はエビとチーズの組合せが大好き。

### INGREDIENT （2人分）

エビ…300g
（小／バナメイエビや芝エビなど）
玉ねぎ…1/2個
パプリカ（黄）…1個
トマト…1個
マッシュルーム…10個
青唐辛子…2本
オリーブオイル…大さじ2
A {
　にんにく（みじん切り）…1かけ分
　ドライタイム…小さじ1
　プル・ビベール…小さじ1
　（または韓国産粗挽き唐辛子）
}
塩…小さじ1
こしょう…少々
ピザ用のチーズ…50g

### RECIPE

1　エビは殻をむいて背わたを取る。玉ねぎは粗みじん切りにし、パプリカは2cm四方に切る。トマトは湯むきし、2cm角に切る。マッシュルームは幅5mmに切り、青唐辛子は種を取って幅3mmに切る。

2　フライパンにオリーブオイルを中火で熱し、玉ねぎを炒める。パプリカ、マッシュルーム、青唐辛子を加えてしんなりするまで炒める。トマト、Aを加えて2〜3分炒める。えびを加えて色が変わるまで炒め、塩、こしょうを加える。

3　オリーブオイル（分量外）を塗った耐熱容器に入れ、ピザ用チーズを散らして200℃に温めたオーブンで15分焼く。
※ドライタイムやプル・ビベールをふってもよい。

## ギュヴェッチとは？

　トルコのギュヴェッチとは素焼きの土鍋のことであり、同時に肉や魚介をその土鍋に入れて、オーブンで蒸し焼きにした料理も指す。モロッコのタジン、日本の鍋という言葉に相当する。エビのほか、魚の切り身でも美味しい。

さあ、どんどん召しあがれ！
アフィエト・オルスン!!

### 伝統音楽　20世紀音楽編

1. Taksim Trio / Taksim Trio (Double moon) トルコ 「若手ロマ演奏家のインスト集」
2. Asık Veysel / Arsiv Serisi (Kalan) トルコ 「盲目の吟遊詩人歌う民謡」
3. Fairuz / The Early Period of Fairuz (El Sur) レバノン 「アラブ古典歌謡」
4. Erkin Koray / Elektronik Türküler (Pharaway Sounds) トルコ 「民謡＋70's サイケ」
5. Brian Jones Presents The Pipes of Pan at Jajouka (Point Music) モロッコ 「モロッコ 治癒音楽」
6. Oum Kulthoum / Double Best (MLP) エジプト 「アラブの美空ひばり」
7. Aris San / The Best Of(NMC) イスラエル 「地中海の若大将」
8. Zeki Müren / 1955-1963 Recordings (Kalan) トルコ 「女装歌手による芸術歌謡サナート」
9. Farid El Atrache / Double Best (MLP) エジプト 「アラブ古典男性歌手」
10. V.A. / Give Me Love: Songs of the Broken Hearted, Baghdad 1925-1929 (Honest Jons) イラク 「20世紀初頭のイラク〜アラブ音楽」
11. V.A. / Rembetika - Asık , Gurbet, Hapis Ve Tekke Şarkıları (Kalan) トルコ／ギリシャ 「阿片窟の退廃音楽」
12. V.A. / To Scratch Your Heart: Early recordings From Istanbul (Honest Jons) トルコ 「オスマン宮廷音楽」
13. Maurice El Medioni / Samai Andalou (Magda) アルジェリア／フランス 「アルジェのピアニスト」
14. Okay Temiz / Zikir (ADA) トルコ 「スーフィージャズ」
15. V.A. / マグレブ音楽紀行 第1集〜アラブ・アンダルース音楽歴史物語 (RICE) アルジェリア 「中世からの汎地中海音楽」
16. Asmahan / Double Best (MLP) エジプト 「早生のアラブ古典歌謡美人歌手」

家メイハネには中東料理だけでなく、中東音楽の準備も重要。下ごしらえの時間から、友人が現れて、メゼをつっつき、メインディッシュとスウィーツと来て、お開きになるまで、僕はここで取り上げたCDをmacに入れて、流しっぱなしにしています。伝統音楽〜20世紀音楽の16枚と、21世紀音楽の16枚。前者は渋いアラブ古典やトルコ古典のSP復刻盤から、70年代の中東サイケデリックロックやスーフィージャズ、モロッコの宗教トランス音楽など。後者はイスラエルやレバノン、アルメニアの若手ジャズから、イエメン民謡ヒップホップ、トルコ民謡ダブ、アラブのオルタナティヴクイーンやポストロックなど。中東音楽を聞きながら、中東料理を作れば本格度アップ！ちなみに僕の本業は音楽評論家です（笑）。

## 21世紀音楽編

1. Shai Maestro Trio / The Road To Ithaka (Impartment)　イスラエル　「中東ジャズピアノ」
2. Ouzo Bazooka / Ouzo Bazooka (Tuffbeats)　イスラエル　「中東サイケロック現在進行形」
3. Omar Souleyman / Bahdeni Nami (Hostess)　シリア　「お祭り音楽ダブケのテクノ化」
4. Cheb-i Sabhah / La Kahena (Music Camp)　アルジェリア／USA　「女性伝承歌をエレクトロニカに」
5. Mercan Dede / Dünya (Sambinha Import)　トルコ　「スーフィーエレクトロニカ」
6. The Idan Raichel Project / Quarter To Six (RICE)　イスラエル　「中東最高のシンガーソングライター」
7. BaBa ZuLa / 34 Oto Sanayı (Plankton)　トルコ　「サイケデリック・ダブ」
8. V.A. / Cafe Bohemia ~ Relaxin' With Shisha (LD&K)　中東全域　「サラーム海上のDJ Mix CD」
9. Avishai Cohen Trio / From Darkness (Warner)　イスラエル　「中東ジャズベース」
10. Zeid & The Wings / Aasfeh (22D)　レバノン　「中東ポストロック」
11. Yasmine Hamdan / Ya Nass (Plankton)　レバノン　「オルタナティヴ・クイーン」
12. A-WA / Habib Galbi (The Eighth Note)　イスラエル　「イエメン系姉妹三人組」
13. Tigran Hamasyan / Mockroot (Nonesuch)　アルメニア　「コーカサスのジャズピアノ」
14. Boom Pam / The Very Best Of (Tuffbeats)　イスラエル　「地中海サーフロック」
15. Ibrahim Maalouf / Diagnostic (Plankton)　レバノン　「中東ジャズトランペット」
16. Hassan Hakmoun / Unity (RICE)　モロッコ　「トランス音楽グナワのロック化」

*盛り上がっていますよ！*

# 出張メイハネでリアル中東料理パーティー

　「出張メイハネ」とは、その名の通りサラームさんが各地に出向いてメイハネを開くというものです。2012年頃から始まって、北は福島から南は徳島まで、全国のライブハウスやレストランなどさまざまな場所で行われてきました。

　これは渋谷のCafé BOHEMIA（カフェ ボヘミア）での様子。お客さんからのリクエストも多く、ボヘミアだけでも人気イベントになりました。

　メニューはメゼ（前菜）からデザートまで7品。サラームさんが朝から厨房に入り、店のスタッフとともに仕込みから仕上げまで作っています。「30～50人分の料理に慣れちゃったから、かえって2人分や4人分だけ作るほうが難しくなっちゃった」とサラームさん。料理のおいしさはもちろんのこと、サラームさんの料理解説や中東取材レポートも聞ける楽しさが大人気の理由。料理も毎回違ったものが出てくるので、リピーターも多いのだとか。ずらりと並んだ料理をみんなでわいわい食べるのは楽しい！　機会があったらぜひ参加してみてください。

大皿に盛られた料理がどんどんなくなっていきます。
店内には、ノンストップでカッコいい中東音楽が流れています。

住所：東京都渋谷区宇田川町36-22
営業時間：平日／土曜日 12:00～5:00　日曜日／連休最終日 12:00～24:00
電話：03-6861-9170　　http://cafe-bohemia.jp/

PART4

中東のおふくろの味

FLOURS &
SOUPS

粉ものとスープ

ラフマージュン

トマトとチーズのピデ

# ラフマージュン
## LAHMACUN　[ 挽き肉のせ薄焼きピザ ]

トルコのテイクアウト・フードの王様。羊の挽き肉とトマトのみじん切りをのせてオーブンで焼いた薄焼きピザ。ケバブ屋で出される焼きたてのラフマージュンはサクサクの生地が口の中でホロホロと溶けだして美味しい。一方、キオスク店頭の保温器の中で生地がフニャフニャになってしまったラフマージュンも、日本のコンビニで売られている肉まんに似た寂しい情緒があって捨てがたい。ケバブ屋では乱暴にも一皿に2～3枚重ねて出される。

### INGREDIENT （3枚分）

● 生地

A
- 強力粉…200g
- ふすま（小麦胚芽）…30g
- 塩…小さじ1
- 砂糖…小さじ1/2

- ドライイースト…小さじ1
- ぬるま湯…80㎖
- オリーブオイル…大さじ1
- プレーンヨーグルト…70g

● 具

- 羊ジンギスカン用薄切り…150g
（または牛挽き肉）

B
- ピーマン（粗みじん切り）…1個分
- 玉ねぎ（みじん切り）…1/4個分
- トマト（粗みじん切り）…1個
- イタリアンパセリ…1/3パック
（またはパセリ／みじん切り）
- ドマテスサルチャス…大さじ2
（トマトペースト）
- プル・ビベール…大さじ2
（または韓国産粗挽き唐辛子）
- 塩…小さじ1/2
- ドライタイム…小さじ1

● つけ合わせ

赤玉ねぎ(薄切り)、イタリアンパセリ、ルッコラ、レモンなど…適量

### RECIPE

1　ボウルにAを混ぜ合わせ、中央にくぼみを作ってドライイーストを入れる。ぬるま湯、オリーブオイルを加えて混ぜ、ヨーグルトも加えてよく練る。生地がまとまったら丸めてラップで包み、室温で2倍にふくらむまでおく。

2　羊肉は包丁でたたいてミンチにし、ボウルに入れてBを加えて混ぜる。1の生地がふくらんだら軽く練り、3等分にして丸める。打ち粉(強力粉)をふった台にのせ、めん棒で直径20cmくらいの円形に伸ばす。

3　オーブンシートにのせて2の羊肉の1/3量をのせ、220℃に温めたオーブンで9分焼く。表面と生地の端が色づけば焼き上がり。残りも同様に焼く。つけ合わせの野菜をのせ、レモンを絞って巻いて食べる。

# トマトとチーズのピデ
## DOMATES Peyniri PIDE

トルコのピデはイタリアのピザの元となったと言われている。ピザとの一番の違いは形状。ピデは細長い舟型をしている。ふかふかに発酵した厚い小麦粉の生地を舟型に延ばし、炒めた挽き肉やほうれん草、チーズや卵などをのせて、具がこぼれないように縁を内側に折り込んでからオーブンで焼く。ピザは生地を真円に延ばせなくて苦手という方も、ピデならまず失敗しないはず。

### INGREDIENT（2枚分）

- ●生地
    - A
        - 強力粉…110g
        - 薄力粉…110g
        - 塩…小さじ1
        - 砂糖…小さじ1
    - ドライイースト…小さじ1
    - ぬるま湯…大さじ2
    - オリーブオイル…大さじ1
    - 牛乳…1/4カップ
- ●トッピング
    - ドマテスサルチャス…大さじ2（トマトペースト）
    - ピザ用チーズ…50g
    - 白チーズ…50g
    - ミニトマト…10個
    - イタリアンパセリ…少々

### RECIPE

1 ボウルにAを混ぜ合わせ、中央にくぼみを作ってドライイーストを入れる。ぬるま湯、オリーブオイルを加えて混ぜ、牛乳も加えてよく練る。生地がまとまったら丸めてラップで包み、オリーブオイル（分量外）少々を塗ってラップで包み、室温で2倍にふくらむまでおく。

2 ミニトマトは半分に切り、白チーズは粗くほぐす。1の生地がふくらんだら軽く練り、2等分にして丸める。打ち粉（強力粉）をふった台にのせ、めん棒で楕円形（16×30cm）にのばす。

3 オーブンシートにのせ、中央にサルチャスの1/2量を塗る。ピザ用チーズ、ミニトマト、白チーズ各1/2量をのせ、周りの生地を寄せて舟形に形をととのえる。220℃に温めたオーブンで10分焼き、焼き色がつけばOK。残りも同様に焼く。イタリアンパセリを散らす。

# K カイセリ・マントゥ
## KAYSERI Mantı   [トルコの水餃子]

マントゥの里カイセリではひとさじに40個のマントゥが乗るのが良しとされる。
僕のレシピだとひとさじで10個程度だけど、肉の味を感じるにはこのくらいが丁度いいよ。

## INGREDIENT （2人分）

- 生地
  - 強力粉…100g
  - 薄力粉…50g
  - 溶き卵…1/2個分
  - 塩…小さじ1/2
  - ぬるま湯…1/4カップ
- 具
  - 牛挽き肉…40g
  - 玉ねぎ（みじん切り）…小1/4個分
  - パセリ（みじん切り）…1枝分
  - 塩…小さじ1/2
  - こしょう…小さじ1/4
  - パプリカパウダー…小さじ1/4
  - プル・ビベール…小さじ1/4
  （または韓国産粗挽き唐辛子）
- トマトソース
  - バター…40g
  - ドマテスサルチャス…小さじ2
  （トマトペースト）
  - ドライスペアミント……小さじ1
  - プル・ビベール…小さじ1
  （または韓国産粗挽き唐辛子）
  - 水…1/4カップ
- ヨーグルトソース
  - プレーンヨーグルト…200g
  - にんにく（すりおろし）…1/2かけ分

プル・ビベール、ドライミント…各適量

## RECIPE

1 ボウルに生地の材料を入れてよく練り、耳たぶくらいのやわらかさにする（固かったら少し水を足す）。丸めてラップで包み、室温で30分ほどおく。

2 別のボウルに具の材料を混ぜ合わせる。打ち粉（強力粉）をふった大きな台にのせ、めん棒で直径50㎝くらいの円形にのばす。ナイフで2.5～3㎝四方の切り込みを入れる。生地に具を少しだけのせ、四方の角をつまんで巾着状に包み、しっかり閉じる（包むのには時間がかかるので生地には濡れ布巾をかぶせておくとよい）。

3 トマトソースを作る。フライパンにバターを入れて中火で溶かし、残りの材料を加えて混ぜ、煮立ったら火を止める。ヨーグルトソースの材料を混ぜる。

4 たっぷりの湯を沸かして塩少々（分量外）を入れ、2をゆでる。浮き上がってきて、好みのやわらかさになるまで3～5分ゆでる。器にマントゥとゆで汁少々を入れ、トマトソースとヨーグルトソースをかけてドライミント、プル・ビベールをふる。

# 本物のマントゥを探して

　中東は小麦の原産地だけに様々な小麦粉料理が存在する。マントゥは小麦粉を練って広げた生地に肉を詰め、茹で、蒸し、焼き、揚げる小籠包や餃子や焼売といった粉料理の親戚。東は中国から中央アジア、チベット、コーカサス、西はトルコにまで広まっている。中でもトルコのマントゥは極端に小さいのが特徴だ。

　このレシピは、カッパドキアの友人ムスタファのレストランで働く料理自慢の主婦から習ったもの。ムスタファ曰く、かつては一さじに60個のるほど小さなマントゥが作られていたが、今では効率が悪いので、10個のる程度の大きさに落ち着いたとのこと。食べ比べると、小さすぎないほうが中の肉汁を楽しめて美味しく感じる。

### これでマントゥ作りもラクになる！？
## マントゥ生地カッター

トルコの友人からもらったもの。めん棒に刃がついている形で、ころがすと同じ幅で生地を切ることができる。薄くのばしたマントゥの生地の上で十文字に切り込みを入れれば、均等な大きさでカットできる！

## メルジメッキ・チョルバス　[レンズ豆のスープ]

どんなロカンタ(食堂)でも用意している定番のスープ、メルジメッキ・チョルバスはトルコの味噌汁！ 汁物好きな日本人は大好きなはず。

### INGREDIENT（4人分）

- 赤レンズ豆…2/3カップ
- 玉ねぎ…1/4個
- にんじん…1/2本
- ドマテスサルチャス…小さじ1（トマトペースト）
- 塩…小さじ1
- こしょう…少々
- バター…20g
- ドライミント…小さじ1
- プル・ビベール…小さじ1（または韓国産粗挽き粉唐辛子）
- レモン（くし切り）…1/2個

### RECIPE

1. レンズ豆はサッと水で洗ってざるに上げる。玉ねぎ、にんじんはみじん切りにする。

2. 鍋にレンズ豆、玉ねぎ、にんじん、サルチャス、水5カップを入れて火にかけ、煮立ったら弱火にし、ときどきアクをとりながら30〜40分、レンズ豆がつぶれるくらいまで煮る。

3. 塩、こしょうを加え、バーミックス(またはフードプロセッサー)で撹拌してなめらかにする。

4. 別の小鍋にバターを中火で溶かし、ドライミント、プル・ビベールを加えて混ぜ、火を止める。スープを器に盛り、溶かしバターが熱いうちにかける。レモンを添え、絞って食べる。

## ハリラ　[モロッコの豆スープ]

レンズ豆とトマトを煮込み、溶き卵でとろみをつけたスープ。
マラケシュで夜を徹したグナワの宗教儀礼に参加した際、夜明けとともに全員に配られた。

### INGREDIENT（4人分）

- レンズ豆…30g
- トマト…大1個
- パセリ…2枝
- バジルの葉…10枚
- 卵…1個
- A
  - クミンパウダー…大さじ1/2
  - ジンジャーパウダー…小さじ1/2
  - 塩…小さじ1/2
  - こしょう…小さじ1/2
  - 水…2と1/2カップ
- B
  - チキンブイヨン…1個
  - 小麦粉…大さじ2
  - 水…1と1/4カップ
- C
  - ドマテスサルチャス…大さじ1と1/2（トマトペースト）
  - 水…1と1/4カップ
- イタリアンパセリ（あれば）…適量

### RECIPE

1. レンズ豆は軽く洗って水に浸す。トマトは皮ごとすりおろす。パセリ、バジルはみじん切りにする。

2. 鍋に水けをきったレンズ豆、トマト、Aを入れて強火にかけ、煮立ったら中火にして20分煮る。

3. Bを混ぜて加える。ときどき混ぜながら弱火で10分煮る（水分が足りなければ適宜足す）。

4. Cを混ぜて鍋に加え、パセリ、バジルも加えてさらに10分煮る。卵をボウルに溶きほぐし、回し入れて半熟状になったら火を止める。器に盛り、イタリアンパセリを散らす。

# 肉団子とひよこ豆のチョルバ
## KÖFTELİ Nohutlu ÇORBA

キョフテ、ひよこ豆、レンズ豆、ほうれん草をトマトペーストと赤パプリカのペーストで煮た具だくさんスープ。韓国のチゲのトルコ版というイメージだ。ヨーグルトをかけても美味い。

### INGREDIENT （4人分）

- ひよこ豆の水煮…200g
- 玉ねぎ…1個
- ほうれん草…150g
- レンズ豆…100g
- にんにく（みじん切り）…1かけ分
- オリーブオイル…大さじ2
- A
  - ドマテスサルチャス（トマトペースト）、ビベール・サルチャ*…各大さじ1と1/2
  - ドライオレガノ…小さじ2
  - ローリエ…1枚
- チキンブイヨン…1個
- ●肉団子
  - 牛挽き肉（または羊の挽き肉）…70g
  - ブルグル（またはクスクス）…40g
  - 小麦粉…25g
  - ドマテスサルチャス…小さじ1（トマトペースト）
  - オールスパイス…小さじ1/2
  - シナモンパウダー…少々
- 塩…小さじ1
- こしょう…少々
- こしょう…小さじ1/2
- プル・ビベール（または韓国産粗挽き唐辛子）…適量

*なければポルトガルのマッサ・デ・ピメンタオンでもよい。またはサルチャを少し増やし、豆板醤少々を加えても似た味わいになる。

### RECIPE

1. 玉ねぎはみじん切りにする。ほうれん草は食べやすい長さに切る。レンズ豆は軽く洗ってざるに上げ、水けをきる。鍋にオリーブオイルを中火で熱し、玉ねぎ、にんにくを炒める。Aを加えて1分炒める。レンズ豆、水1.5ℓ、チキンブイヨンを加え、沸騰したら弱火にし、レンズ豆がやわらかくなるまで煮る。

2. 肉団子を作る。ブルグルを軽く洗ってざるに上げ、水けをきり、他の材料を加えて練る。食べやすい大きさに丸める。

3. 1に塩、こしょう、ひよこ豆を加えて5分煮る。肉団子、ほうれん草を加えてさらに5分煮る。器に盛ってプル・ビベールをふりかけて食べる。

## チョルバは毎日でも飽きない！

トルコでは高級メイハネから安ロカンタ、ドライブインの食堂まで、どんな店でもチョルバ＝スープを飲める。一番ポピュラーなのはメルジメッキ・チョルバス。テーブルの上にあるドライミント（トルコ語でナーネ）とプル・ビベールを振り、レモンをキュッと絞っていただこう。

夏の海ならジャジュックがほてった身体を冷ましてくれる。冬の内陸部なら肉団子とひよこ豆のチョルバが身体を芯から温めてくれる。

僕が一番好きなチョルバは羊の胃袋をトロトロに煮こんだイシュケンベ・チョルバス。豚骨ラーメンに似た強烈な匂いのため、普通のロカンタには置いていない。裏通りにひっそりとたたずむ専門店を探そう。イスタンブルで夜遊びしたら、締めにイシュケンベ・チョルバスを、翌朝の二日酔い醒ましにはメルジメッキ・チョルバスを（笑）。

## CACUIK ジャジュック
[きゅうりとヨーグルトの冷製スープ]

### INGREDIENT（4人分）

- プレーンヨーグルト…450g
- きゅうり…1〜2本
- にんにく（すりおろし）…1/2かけ分
- ディル（みじん切り）…1/2パック
- 塩…小さじ1/2
- EXVオリーブオイル…大さじ1
- ドライミント…少々
- プル・ビベール…少々
（または韓国産粗挽き唐辛子）

### RECIPE

きゅうりは皮をむいて5mm角に切ってボウルに入れる。ヨーグルト、にんにく、ディルを加えてよく混ぜる。冷水2と1/2カップを加え（好みの濃度に）、塩で味をととのえて器に盛る。オリーブオイルをたらし、ドライミント、プル・ビベールをふる。

# 僕の作る中東料理

　子どもの頃から料理が大好きで、母親が定期購読していた雑誌『きょうの料理』（NHK出版）は隅々まで読み、週末には母親の料理を手伝っていた。雑誌の中でなじみのない食材や異国の料理を見つける度に興奮したし、新しいものや機械が好きだったので、ミキサーやオーブンを使うのもワクワクした。僕の中東料理作りはその頃の延長線にある。

　ホモスに使う乾燥ひよこ豆は一度に大量に水で戻し、圧力鍋で煮て時短を図り、フードプロセッサーでガーっと作っちゃう。残りの豆はフリーザーバッグに入れて冷凍保存しておく。ピデの生地も自分でこねずに、ホームベーカリーのピザ生地コースに任せている。逆に、煮込み料理はあえて灯油ストーブの上で時間をかけてコトコトと煮る。マントゥやハムシリ・ピラウのような手間がかかる料理は一人で作らずに友達を呼んでパーティーを開いちゃう。お酒を飲みながらみんなでワイワイとマントゥを包むのは楽しいよ。

　うれしいことに僕の料理は「盛り付けや色合いがキレイですね」とよく言われる。でも、それは僕の手柄ではなく、中東料理本来の特徴なんだ。中東では緑黄色野菜をたっぷり使うからカラフルなのは当然。トマトの赤にはパセリの緑、ビーツのマゼンタにはレモンの黄色……僕は現地の食卓を撮影し、写真を元にそれを再現しているだけだ。それにせっかく作った料理が煮しめたような色じゃつまらないよ。

　僕は中東料理好きが高じて本を出すに至ったアマチュア料理人だ。この本では、そんな僕が何度も作ってきた簡単かつ美味しい料理を掲載している。難しそうに見えるクスクスやギュヴェッチだって、おでんやグラタンほどの難易度だ。何か一つ材料を買い忘れても気楽にいこう。次回はきちんと揃えればいいのだ。余分な力を抜いてリズム感良く料理をすれば、たいてい成功するはず。では、グッドラック！中東料理で楽しい家メイハネを！

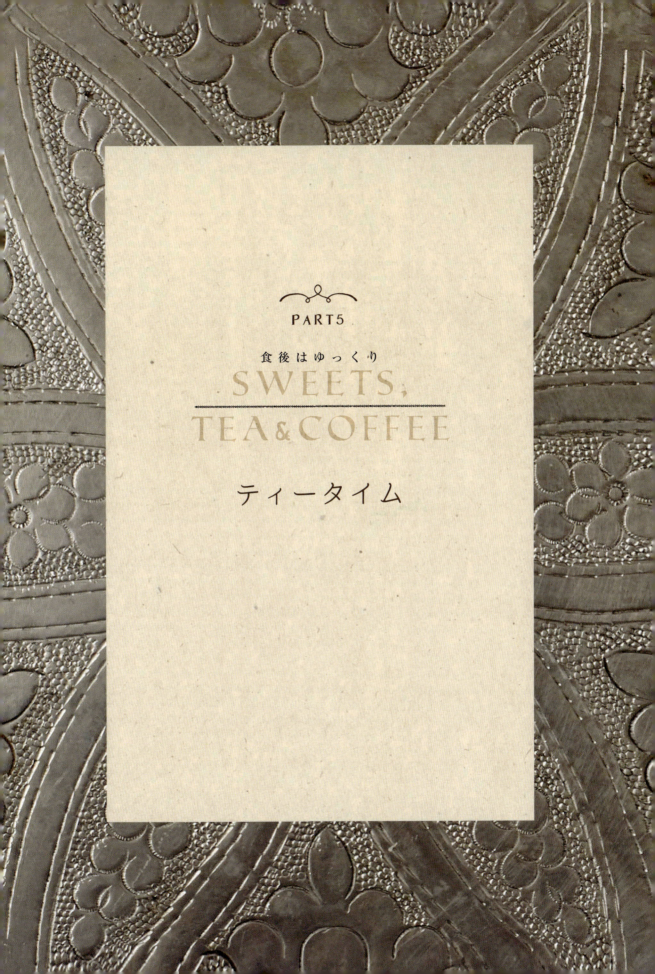

PART5

食後はゆっくり

SWEETS,
TEA & COFFEE

ティータイム

## シュトラッチ [ライスプディング]

トルコの定番デザート。お米を柔らかく煮て、牛乳と砂糖、バニラで味付け、
冷まして固めたプリン。オーブンで焼くと更に美味い！ 温かいままでも、冷蔵庫で冷やしても。

### INGREDIENT （4人分）

米…50g
A 　砂糖…100g
　　コーンスターチ…20g
　　バニラエッセンス…少々
牛乳…2カップ
溶き卵…1個分
シナモンパウダー…少々

### RECIPE

1　鍋に米、水1カップを入れて火にかけ、米がやわらかくなるまで煮る。

2　ボウルにAを入れ、牛乳をダマにならないよう混ぜながら少しずつ加えて溶き、1の鍋に加える。弱火にかけ、泡立て器で混ぜながらとろみがつくまで煮る。

3　耐熱容器に入れて溶き卵を等分に流し入れ、230℃に温めたオーブン（またはオーブントースター）で焼き色がつくまで10分ほど焼く。冷めたらシナモンをふる。

# ノアのプディング
## AŞURE

預言者ノアが方舟で作ったという伝説のお菓子。また、アシュレとはアラビア語で「10」を意味し、シーア派の宗教儀礼の10日間だけふるまわれたお菓子でもある。

### INGREDIENT (4〜6人分)

ひよこ豆…40g
白いんげん豆…40g
米…15g
押し麦…10g
A ┌ 牛乳…1/2カップ
  │ 砂糖…70g
  └ コーンスターチ…大さじ1
B ┌ 干しあんず…20g
  │ 干しいちじく…30g
  │ レーズン…15g
  │ くるみ…20g
  │ アーモンド…20g
  └ ピスタチオ…20g
ローズウォーター*（あれば）…大さじ1
ざくろの実（あれば）…30g
＊バラの花を蒸留して作られるもので、菓子の香りづけなどに使われる。

### RECIPE

1 ひよこ豆、白いんげん豆はたっぷりの水に漬けて半日以上おき、つけ汁ごと鍋に入れてやわらかくなるまでゆでて水けをきる。米、押し麦は軽く洗って水けをきる。

2 鍋に豆と押し麦、水2と1/2を入れて火にかけ、沸騰したら米を入れ、弱火でやわらかくなるまで煮る。Aを混ぜて加え、Bも加える。かき混ぜながら煮て、とろみがついたら火を止めて冷ます。

3 器に盛り、ローズウォーターをふって混ぜ、ざくろの実を散らす。

## ヤズ・サラタス
### YAZ Salatast
[スイカとミントと白チーズのサラダ]

　スイカ嫌いの友人がスイカ好きになったデザートのサラダ。日本ではスイカに塩をかけるけど、イスラエルやトルコではスイカをスペアミントと白チーズで合わせる。スペアミントの爽やかな香りはスイカの青臭さを消し、白チーズの塩辛さがスイカの甘さをさらに引き出し、さらにスイカが喉を通った後には口の中にミルキーな味が残る。これぞ「真夏の清涼なる三位一体」！　一度、この組合せを知ってしまうと、もうスイカだけでは物足りない。しかも、ビール、スパークリングワイン、ラクとの相性もバッチリ！　冷蔵庫でよく冷やしていただこう！

### INGREDIENT （4人分）

スイカ…1/4〜1/6個
白チーズ…100〜150g
スペアミント…1/2パック

### RECIPE

よく冷やしたスイカを3cm角に切ってボウルに入れる。
白チーズを1cm角に切って加え、ミントも加えてあえる。
器に盛る。
※食べる直前に作ってあえるのがおいしい。

## 中東は果物がおいしい！

　中東滞在中は日本にいる時の何倍もフルーツを食べる。スーパーや八百屋に行くと、日本では値段の高いメロン、チェリー、桃などが安く売られているので、ついついキロ単位で買ってしまう。

　西瓜とミントと白チーズのサラダはイスラエルでは定番だが、トルコでは二日酔いに効くサラダとされる。西瓜の甘さとスペアミントの爽やかさが口の中にあふれ、舌の上にはミルキーな白チーズの後味が残る。ビールやワインとの相性もバッチリだ。

　一方、オレンジのサラダは至る所にオレンジやレモンが生えているモロッコらしい一品。マラケシュのジャマ・エル・フナ広場の屋台で飲む、その場で絞った生のオレンジジュースの美味さは世界一かもしれない。

### モロッコ風オレンジサラダ
### SALADE Bi Lemon WA QURFA

よく冷やしたオレンジにオレンジフラワーウォーターとミント、シナモンパウダーで香りをつけた、簡単だけどエキゾチックなデザートサラダ。

#### INGREDIENT （4〜6人分）

- オレンジ…4個
- グラニュー糖…大さじ1
- オレンジフラワーウォーター…大さじ2
- シナモンパウダー…少々
- スペアミント…1/2パック
- ※ネロリエッセンス、またはローズウォーターでもよい

#### RECIPE

1. よく冷やしたオレンジの皮をむき、厚さ1cmの輪切りにしてボウルに入れる。グラニュー糖、オレンジフラワーウォーターを加えてあえる。

2. 器に並べ、シナモンをふってミントを散らす。

# トルコのチャイを飲んでゆっくりおしゃべり

## チャイに始まり、チャイに終わる

　トルコのチャイは専用の二段式やかん「チャイダンルック」を使っていれる。下の大きなやかんに水を、上の小さなやかんに茶葉を入れて火にかけると、沸騰したお湯の蒸気が上のやかんの中の茶葉を蒸らす。茶葉が充分に蒸らされたら、上のやかんにお湯を足し、時間をかけて濃いお茶を煮出す。ロシア式の紅茶湯沸かし器「サモワール」と同じ方法である。それを小さなチューリップ型のチャイ専用グラス「チャイバルダック」に注ぎ、お湯で割って好みの濃さにしていただく。

　トルコ人の生活はチャイから始まり、チャイに終わる。友人と一日行動をともにすると、チャイを10杯近く飲まされることになる。彼らにとってチャイは友情やホスピタリティーの印。チャイを薦められたらむやみに断ってはいけない。しかし、チャイは通常の紅茶よりも強いので、飲み過ぎに注意。

### 最新式チャイダンルック
電気ポットになっても、2段式スタイルは変わらない！

トルコの友人が持ってきてくれた最新式。フォルムは現代的だが、チャイの入れ方は変わらないのだ。

# ÇAY チャイ
[トルコのサモワール式紅茶]

### INGREDIENT （4杯分）

トルコのチャイ葉
（またはふつうの紅茶）
　…ティースプーン山盛り4杯
砂糖…適量

### RECIPE

1
チャイダンルックの下のポットに
たっぷりの水を入れ、上のポットに
チャイの葉を入れて火にかける。

2
下のポットの湯が沸騰してから弱火
で5分以上煮立て、上のポットの茶
葉をしっかり蒸らし、下のポットの
湯を上のポットに入れる。

3
下のポットに水を足して再び火にか
け、上のポットの茶をしっかり出す。
ポットの中の茶葉が沈んだらでき上
がり。

4
小さなグラスに茶を少し注ぎ、下
のポットの湯を足して好みの濃さ
にする。

これがチャイダンルック

1日中これで茶を沸かして飲んでいる

茶に湯を足して
好みの濃さに薄めよう

# ミントティーで爽やかに

さあ、お茶にしよう！

## ミントティーは
## モロッコのウイスキー

　フレッシュなスペアミントをたっぷり使った甘いミントティーはお菓子とともに人気の高い嗜好品。中国産のガンパウダーと呼ばれる緑茶を濃く煮出し、大量の砂糖と生のスペアミントの葉を枝ごと入れて、ガラスのコップに注いで供する。トロっとした琥珀色のため「モロッカン・ウィスキー」とも呼ばれ、地元の男性は一日に何杯でもお代わりする。南部のサハラ砂漠地域では、一口飲んだだけで頭が痛くなるほど濃く甘く煮出したトゥアレグ族のミントティーをふるまわれる。

# AS-SHAY アッツァイ

[モロッコのミントティー]

### INGREDIENT （6人分）

スペアミント…2パック
砂糖…大さじ4〜6
ガンパウダー（中国緑茶）*…12g

＊なければ緑茶の香りがとんでしまったものでも近い香りになる。

### RECIPE

1
ティーポットに湯3カップを沸かしてガンパウダーを入れ、弱火で1分煮出す。火を止めて砂糖を加えて溶かす。

2
ミントを1パック分入れてふたをし、1分蒸らす。

3
高い位置からグラスに勢いよく注ぎ入れ、グラスが一杯になったら一度ポットに戻す。これを3回繰り返す（泡立てながらいれるのがコツ）。グラスに残りのミントを等分に入れ、ポットから茶を注ぎ入れる。
※高い位置から注ぐことで泡立ち、ミントの香りが広がる。

砂糖　ミント

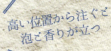

高い位置から注ぐと泡と香りが立つ

いったんポットに戻して

## ターキッシュコーヒー
### TURK Kahvesi

極細挽きのコーヒー粉をたっぷりの砂糖とともに小さなひしゃく型の「ジェズベ」に入れて、一杯ずつ煮出す。フィルターで漉さずに上澄み液だけを飲む。カップの底に残った粉の形で運勢を判断するコーヒー占いも盛んだ。

**INGREDIENT** （4人分）

エスプレッソ用の深煎りコーヒー豆
　…24g（一人分小さじ山盛り1杯）
砂糖…小さじ8

**RECIPE**

1. 豆は飲む直前に極細挽きにする。小鍋に挽いたコーヒー粉、水1と1/2、砂糖を入れて弱火にかける（ジェズベの場合は1人分ずつ作る）。

2. 湯が沸騰して吹きこぼれそうになったら火から外し、上澄みの泡をスプーンですくってデミタスカップに移しておく。

3. 鍋を再び弱火にかけ、同様のことをもう一度繰り返し、再度吹きこぼれそうになったらでき上がり。泡をつぶさないようそっとカップに注ぎ入れる。
※泡が表面を覆うのが理想とされる。

## アイラン
### AYRAN

アイランはケバブやピデによく合う塩入りのヨーグルト飲料。日本のビールジョッキそっくりのガラスのジョッキで供される。ビールのような白い泡が表面を覆っているのが良しとされる。

**INGREDIENT** （4人分）

プレーンヨーグルト…450g
塩…小さじ2
氷（好みで）…適量

**RECIPE**

ボウルにヨーグルト、水2カップ、塩を入れ、泡立て器でよく混ぜ合わせる。グラスに注ぎ、好みで氷を入れて飲む。

## 中東スイーツ事情

　中東の町を歩いているとお菓子屋の多さに驚く。そして、おやつの時間になると、お菓子屋にヒゲのオヤジたちがわらわらと集まり、お菓子をキロ単位で爆買いしている姿をしょっちゅう目にする。敬虔なイスラーム教徒にとって甘〜いお菓子はお酒に代わる大事な嗜好品なのだ。

　中東を代表するお菓子といえば「バクラヴァ」(写真A)。小麦粉の薄い生地に刻んだアーモンドやピスタチオを敷き、幾層にも重ねる。そこにバターをのせてオーブンで焼き、切り分けてから蜂蜜に浸したものだ。ミルフイユにも似ているが、なんせ甘い！

　その他、小麦粉でできた細麺状の生地にチーズやクリームを挟んで焼いた「キュネフェ／クナーファ」(写真B)、タヒーニに蜂蜜とセモリナ粉を混ぜ込んだ「ヘルヴァ／ハルヴァ」(写真C)も人気が高い。

　甘いものが苦手なら、フルーツの「コンポスト」(写真D)がオススメだ。砂糖と果汁で煮たマルメロやリンゴ、杏、洋なし、イチジクにクリーム状のカイマック(サワークリームに似たトルコの乳製品)やアイスクリームをかけていただく。米やコーンスターチを使ったプリンも甘すぎることはない。

　イスタンブルの僕の友人は全員が飲酒する飲んべえだが、メイハネの締めには絶対にお菓子を欠かさない。どうやら中東でも「甘いものは別腹」ということらしい。

# 中東料理のスパイス・食材

「中東料理ってスパイシーなんでしょう?」としばしば聞かれるが、インド料理やタイ料理のように沢山のスパイス&ハーブは必要ない。数種類のスパイスで味、風味が決まり、たいていのものは作れるのだ。

## トルコといえば

**01. ミント [Mint]**
トルコ語ではナーネ、アラビア語ではナーナー。日本ではペパーミントの需要が高いが、中東ではスペアミントを指す。チョルバやヨーグルト料理に用いる。

**02. プル・ビベール [Pul Biber]**
塩を振った赤唐辛子を乾燥させて砕いたもの。辛みよりうまみが強い。

**03. タイム [Thyme]**
トルコ語でケキッキ。ケバブやギュヴェッチなど、肉や魚介の匂い消しに使われる。

**04. スマック [Sumac]**
ウルシ科の植物スマックの実を乾燥させて挽いたスパイス。日本のゆかり®にそっくりの酸味が特徴。玉ねぎのスライスに合わせて。

## モロッコといえば

**05. クミン [Cumin]**
モロッコ料理特有のエキゾチックな香りの決め手にスパイス。

**06. パプリカ [Paprika]**
香りと色と風味付け。辛みはない。

**07. シナモン [Cinnamon]**
肉料理にもシナモンを加えることが多い。独特の甘さが生まれる。

## レバノン・イスラエルといえば

**08. ザータル [Za'atar]**
タイムの亜種ザータルを指すのと同時に、それに煎った白ごま、スマック、塩を加えたミックススパイスも指す。塩が入っていないものもある。

### TAHINI

#### タヒーニ
いわば中東の練りごま。日本の練りごまよりもクリーミーで濃厚な味。ホモスに使うだけでなく、サラダや魚や肉、なんにでも合うので、たっぷり使おう（タヒーニソースはP35参照）。

### BEYAZ PEYNİR

#### 白チーズ
トルコ語でベヤズ・ペイニル。真っ白で酸味のあるチーズ。塩水の中で発酵させるため塩味が強い。ギリシャのフェタチーズとほぼ同じだが、トルコ産には牛、山羊、羊の各種がある。

### COUSCOUS

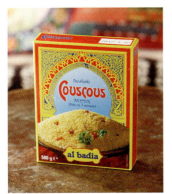

#### クスクス
デュラム小麦の粗挽き粉をそぼろ状にまとめたもの。モロッコやチュニジアなどマグレブ地域の料理に欠かせない。お湯をかけるだけでも食べられるが、手間暇かけて蒸せばなお美味しい。

### BULGUR

#### ブルグル
湯通しして乾燥させた挽き割り小麦。クスクスは丸くて大きさが揃っているが、ブルグルは不揃いで角張っている。レバノンでは小粒のものをタブーレに使い、トルコでは大粒のものをお米と同じように炊く。

### SALCA

#### ドマテスサルチャス
トマトを煮詰めたトルコのトマトペースト。現在のトルコ料理には必要不可欠。市場では、日本の味噌屋のように生産地別、等級別のものが並び、計り売りされている。

#### 豆（ひよこ豆、白インゲン豆、レンズ豆）
乾燥豆は庶民の重要なタンパク源。ひよこ豆はホモスやファラフェルに、白インゲン豆はトマト煮込みやサラダに使う。皮付きの茶色いレンズ豆は食感を活かし、皮なしのオレンジ色のレンズ豆は溶けるまで煮てスープにすることが多い。

## 中東食材を手に入れよう
# サラームさんと ハラルフード店に 行ってみた

サラームさんが料理に使う食材の買い出しに密着。ハラルフード店を案内してもらうことにしました。

東京都新宿区の新大久保駅周辺は、さまざまな国の食材を売る店が集まっていて、駅前の信号を渡るとすぐにハラルフード店が集まる路地があります。

よし、行こう

### サラームさんの行きつけは
## THE JANNAT HALAL FOOD

ハラルフードとは、イスラム教の教えにのっとって処理された食品のことで、骨付きの羊肉や鶏肉などもたくさん売っています。もちろん、誰でも入って買うことができます。場所柄か中東以外の国の食材や調味料も扱っていました。赤レンズ豆をはじめ、豆類の品揃えも豊富で、タヒーニ、白チーズ、長粒米も比較的安く買えます。トルコ料理に欠かせないスパイス、スマックも大袋入り！ スパイス類は小袋もあるのでおすすめです。

骨付き羊肉ゲット。ソーアンル・ヤフニーを作ろう！

「つい買いすぎちゃうんだ。レバノン産のタヒーニは月1本は買うね」

「ナマステー(こんにちは)!」

この店の店長はインド出身のサラウディンさん。サラームさん、なんとヒンディー語で会話していて店に溶け込みすぎ…。安心してください、日本語は通じますよ!

THE JANNAT HALAL FOOD
東京都新宿区百人町2-9-1
TEL 03-3366-6680

東京だけでなく、日本全国の都市部にハラルフード店はたくさんあります。「名古屋には東京でも見たことのない巨大なハラルフード店があったよ」とサラームさん。ぜひ近くのハラルフード店に行ってみましょう。外国のスーパーをのぞくよう楽しさが味わえますよ。そして是非食材を買って、中東料理をたくさん作ってください。

## サラームさんおすすめ食材店

### とくしまマルシェ
http://tokushima-marche.jp/

野菜の味が濃くておいしい! 出張メイハネやイベントなどでサラームさんが何度も訪れている徳島県の野菜ショップ。サラームさんはいつも野菜を取寄せている。

### 大塚オリーブファーム
http://www.fuado.com/

世界一おいしいと言われるレバノンのオリーブオイル。その美味しさと、農園主・大塚不破土さんの魅力に惚れ込んだサラームさんは、なんと現地を訪ねたこともあるとか。

## エキゾチックな器や雑貨が買える店

料理を楽しむなら、ぜひ食卓やリビングも中東テイストにして楽しみましょう。

### ❊ 西洋民芸の店 グランピエ
世界各国の民具、器、衣料を扱う老舗店。
http://www.granpie.com/

### ❊ GADAN(ガダン)
モロッコのインテリアやテーブルウエアが充実。ファブリックも。
http://www.gadan.co.jp/

## インターネット通販でも食材は買えます

本の中で紹介した中東料理の食材は、ほとんどインターネット通販で買うことができます。好みの店を探してください。

### ❊ ドアル
サルチャ、ビベール・サルチャス、ざくろソースなど品揃え豊富。
http://www.rakuten.co.jp/dogal/

### ❊ HASEL FOODS.COM
バクラバといったトルコの菓子が充実。白チーズの春巻きなどに使われる生地(ユフカ)も買える。
http://www.haselfoods.com/

### ❊ レピス・エピス
スパイス専門店。種類が豊富でペパーミント、スマックなども有り。
http://www.lepiepi.com/

通常書籍版「MEYHANE TABLE」の店舗名表記について誤りがありました。「ASEL FODS.com」とありますが、正しくは「HASEL FOODS.COM」です。読者の皆さまならびに関係各位にご迷惑をお掛けしましたことをお詫びするとともに、ここに訂正させて頂きます。

## サラーム海上（サラーム・うながみ）

音楽評論家。DJ。中東料理研究家。
中東やインドを定期的に旅し、現地の音楽と料理シーンをフィールドワークし続けている。原稿執筆のほか、ラジオやクラブのDJ、オープンカレッジや大学の講義、中東料理イベント「出張メイハネ」などで活躍。英語、フランス語、ヒンディー語で各国を取材し、肌で感じた現地の今を伝え続ける姿勢が人気の秘密。著書に『イスタンブルで朝食を』（双葉社）、『21世紀中東音楽ジャーナル』（アルテスパブリッシング）ほか。NHK-FM『音楽遊覧飛行エキゾチッククルーズ』のDJを担当。
http://www.chez-salam.com

撮影：櫻井めぐみ
スタイリング：阿部まゆこ
デザイン：水野直人（コックニーグラフィックス）
調理アシスタント：坂口恵巳
編集：岡村理恵

撮影協力：とくしまマルシェ

### クラウドファンディングご支援者様（記名希望者／50音順）

Joe Mio、miyakosgt、赤塚りえ子、新井瑛美、新井怜佳、伊藤嘉章、うちだかずこ、うちやまちあき、大宮俊孝、岡本詩織、金子竜也、株式会社アワセルブス、株式会社さんばん、小林大悟、金野薫、斉藤裕美、斉藤陽子、佐田晴美、四宮毅士、上甲敦子、鈴木洋之、高橋俊光、永藤かおる、野本裕輝、蓮池尚文、林惠美、平井享、渡辺明美

MEYHANE TABLE
家メイハネで中東料理パーティー
2024年3月1日発行　第5刷発行

著者　サラーム海上
プロデュース　齋藤哲也
発行者　大谷秀政
発行所　株式会社LD&K
〒150-0042
東京都渋谷区宇田川町18-4 LD&Kビル3F
TEL:03-6861-7880　／　FAX:03-6861-7881
http://www.ldandk.com/

印刷・製本　テンプリント
Printed in Japan ISBN 978-4-905312-46-8
落丁、乱丁本はお取り替えいたします。
本書の無断転載（コピー）は著作権上での例外をのぞき禁止されています。